医者が教えるHSP対策
〈お悩みショートカット〉編

繊細な人をラクにする「[illegible]」の減らし方

精神科医 西脇俊二

KADOKAWA

はじめに　一日何時間くらい悩んでいますか？

皆さん、こんにちは。精神科医の西脇俊二です。

私は東京都内でクリニックの院長を務め、日々、多くの患者さんと接しています。心や身体に疾患を持つ方々だけでなく、内容も度合いもさまざまな「心のクセ」によって悩んでいる方も、多く来院されます。

本書を手に取ってくださった皆さんも、クリニックに行くほどではなくとも、物事を感じやすい、繊細すぎる、敏感すぎる、ということに悩んでいらっしゃると思います。そうした傾向を持つ人が「ＨＳＰ（Highly Sensitive Person）」と呼ばれ、５人に１人が該当するということも、すでにご存じかもしれません。

本来、ＨＳＰは心理学上の概念であり、精神医学とは別分野です。疾患ではないため、「治療」の対象にはなりません。しかし私は、実際に悩んでいる方々に何らかの助けが必要だと、かねてから考えてきました。

というのも、私自身がアスペルガーであり、かつてはそのための敏感さや不安感などにより、色々と人にはわかってもらいにくい類いの苦労をしていたためです。

うるさい場所や人混みが苦手だったり、新しいルールに面食らってしまって慣れるのに時間がかかったり、毎日使いもしない物をたくさん持ち歩いたり……。これらは一見、繊細さや敏感さと関係がない悩みのように見えるかもしれませんが、実は大いに関係があります。

そうしたことを工夫で乗り越えて快適に暮らせるようになる術《すべ》を伝えたいと思ったのが、前著『繊細な人が快適に暮らすための習慣』を書いた理由です。

HSPをテーマとした本は、すでに数多くあります。しかしそれらの多くは、「HSPとはどんなものか」について詳しく解説してはいるものの、繊細さや敏感さによるストレスや「生きづらさ」の解決策に深く踏み込んではいません。この見過ごされた部分に光を当てたいと私は考えました。

医学用語でなくても、たしかに言えるのは、「解決策はある」ということです。生来の繊細さはそのままに、過度な敏感さゆえの悩みやストレスだけを軽減させることは、可能なのです。

医師の視点から、その解決策を伝えるべく、2020年に刊行した前著は、ありがたいことに国内外の多くの方々のもとに届き、役立てていただいています。

そして今回、前著を読んでくださった方にもそうでない方にも、さらに踏み込んだ情報をお届けしたいと思い、筆を執りました。

本書のテーマは「時間」です。

自分はHSPかもしれない、という自覚のある方に、一つ質問をします。

皆さんは毎日、色々なことに悩んでいることと思いますが、そうした「悩み時間」は、一日のうちどのくらいを占めていると思いますか?

1時間? 3時間? それとも5時間でしょうか?

実は、それどころではありません。

繊細な人は「24時間」悩んでいます。起きている間だけではなく、寝ている間でさえ悩んでいる……といったら信じられないかもしれませんが、本当です。

その日の出来事を振り返って後悔したり、明日を思って不安になったり。その結果、心が常にお疲れ気味になります。疲れで神経が高ぶり、睡眠中も心身は緊張したまま。疲労は翌朝に持ち越され、さらに新たな疲労が加わり……。

こうして疲労が雪だるま式に蓄積すると、身体にも支障が出やすくなります。免疫力が下がって風邪をひきやすくなる、胃腸の調子がおかしい、などのトラブルが重なり、大きな疾患につながる可能性も出てきてしまいます。

だからこそ、「悩み時間」は短縮しなくてはいけません。本書では、悩みを整理・分析して解決するその方法を、できうる限りお伝えします。

もちろん、人にはそれぞれ異なった事情や性格があります。この本で紹介する対策によって、すべての悩みを100%解決できるわけではありません。しかし、捉え方やストレスの度合いは確実に変わります。実際より深刻に捉えたり、過度に悲観的になったりせず、平常心で効率的に向き合えるようになります。

つまり、悩み時間やストレスは、ショートカットできるのです。

簡単に、本書の構成をお話ししておきます。

序章では、繊細な人の悩みが「なぜ、どのように」増幅されるかというメカニズムと、解決のための大枠の考え方をお話しします。第1章以降では、その大枠に基づき、具体的なノウハウを解説します。第1章では、「損する悩み」のショートカット方法を話します。第2章では、「人間関係の悩み」を、第3章では、「生活のジャマになる悩み」を扱います。そして第4章では、「得する悩み」、つまり繊細さの利点を活用する方法について話します。

実践してみると、悩み時間が劇的に短くなることを実感いただけると思います。私自身がコツコツ実践し、快適な暮らしに役立った考え方やコツの数々を紹介することで、医師として当事者として、皆さんにも、同じ体験をしていただきたいと思います。

今日から簡単にできるプチスキルもあれば、価値観の根本的転換が必要となるようなビッグチャレンジもあります。はじめは難しいと感じるものもあると思いますが、

「できないこと」は一つもありません。どんな方にも必ず、いつかはできることばかりです。

それを信じて、トライしてください。

疲れた心がラクになるように、リラックスして過ごせるように、持ち前の繊細さが幸福な形で活かされるように……。

皆さんの毎日から悩み時間が減り、かわりに明るく充実した時間がもたらされることを、心から願っています。なお、近年はＨＳＰの中でも◯◯型などの分類がなされることもありますが、本書では分類を超えて使えるノウハウをまとめています。どなたでも安心してお読みいただき、これは使えると思ったものをお使いください。

２０２４年　初夏　晴れの日には散歩を、雨の日には読書を

精神科医・ハタイクリニック院長　西脇俊二

繊細な人をラクにする「悩み時間」の減らし方　もくじ

はじめに　一日何時間くらい悩んでいますか？ 003

序章

繊細な人はなぜ「悩む」のか

悩みの種類は「三つ」だけ 014／お金・健康・人間関係――一番解決しやすいのは？ 017／傷つきやすさを改善する 020／「期待しない訓練」で前向きになれる 022／「人から大切にされたい」なら 025／人間関係をラクにする「基本の3タイプ」 028／「リスク／ホープ」と「フィックス／フレックス」 031／自分と別のタイプを「良い・悪い」でジャッジしない 034／疲れて頑張れないときの処方箋 037／「スモールステップ」を使えば一気にラクになる 039／効率よくレベルアップしたいなら「50点主義」 042／繊細な人が大きく成功するには 044／あなたにとっての「成功」は何ですか？ 047／できること・できないことを整理する 050

第1章　「損する悩み」をショートカット

興味のあることを行動に移せない 056／成功体験以外の方法を避けがち 062／リアルな実力を見積もって天井を低く設けがち 067／大きい仕事・責任ある仕事から逃げてしまう 071／マルチタスクが苦手で焦ってしまう 075／緊張すると、情報が頭に入ってこない 081／天気が悪いだけでやる気がしぼむ 085／「緊張する→疲れる」を繰り返している 088／人との「差」に敏感すぎる 092／悪いイメージばかりが膨らんで勇気が出ない 095／イヤなことを引きずりがち 100／人のイライラに持っていかれる 104／「究極の損」を、今から回避しよう 107
コラム　繊細な人がペットを飼うなら 110

第2章　「人間関係の悩み」をショートカット

嫌われるのがイヤ 114／人を嫌うのも苦手 118／「カサンドラ症候群」になりやすい？ 122／初対

面がとにかく苦手 126／何気ないひとことがすごく気になる 131／ひとこと言いたい、でも言えない 135／悪い相手でも、つい同情してしまう 139／リーダーには向いていない？ 142／断るのが苦手、頼むのも苦手 145
コラム お気に入りの匂いを見つけよう 148

第3章 「生活のジャマになる悩み」をショートカット

人が多い・うるさいのが苦手 152／眠りが浅い・寝つきが悪い 155／食べ物が身体に合っていないかも？ 158／カフェで落ち着かないことがある 161／マイルールが多い 164／心配が高じて「やりすぎ」になる 167／集中するまでに時間がかかる 170／一つうまくいかないと一日うまくいかない 174／「面倒くさい人」と思われてる？ 177／理想が高いのに、頑張れない 180／遠い場所の悲しいことに心を支配される 185／「年金問題」のニュースで強烈に不安になる 189
コラム 布団は「重い」ほうが安心できる!? 194

第4章 「得する悩み」は大切に

「気が利く」人には、まだ伸びしろがある 198／人の痛みがわかる性質を最大限に活かすコツ 201／リスク回避能力に磨きをかけよう 204／「丁寧さ」を損につなげないために 207／その悩み相談、どこまで付き合う？ 211／「小さな幸せ」を感じられる幸せ 214／その誠実さに、もう一つ加えるなら 217

コラム あなたのソウルフードは何ですか？ 220

おわりに　悩んでいた時間を「好きなこと」に！ 221

装丁　西垂水敦＋市川さつき（krran）
本文デザイン　金澤浩二
編集協力　林 加愛
装丁&本文イラスト　イラカアヅコ
ストレッチイラスト　NIKK MOU
本文DTP&作図　エヴリ・シンク
校正　あかえんぴつ

序　章

繊細な人は
なぜ「悩む」のか

「悩みの種類は「三つ」だけ」

繊細な人や敏感な人は悩みやすい——皆さんも日々、そう実感しているでしょう。では実際に、私たちが多くの時間を費やしている「悩み」にはどんなものがあるでしょうか？　千差万別に見えて、意外と種類は少なめです。

ついでに言うと、繊細ではない人も、悩みの種類は変わりません。

繊細な人はしばしば「こんなに繊細でなければ、悩まなくていいのに……」と思うものですが、そんなこともないのです。生きている限り、人は悩みます。繊細であってもなくても、悩みのない人というのは、一人もいないのです。

ただ、繊細な人は、色々なストレスや悩みを増幅・発展させて（大きく、広く捉えて）、たくさんの時間を費やしてしまうのです。繊細でない人が軽く受け流すところで、しっかり立ち止まってしまう。ここが解決すべきポイントだと、まずは覚えておきましょう。

さて、話を戻します。

人の悩みは「だいたい3種類」に分けることができます。

お金と、健康と、人間関係です。

「いや、もっとあるでしょう」「災害や犯罪のニュースを見るだけで不安になってしまうのが悩みです」「私は劣等感が強くていつも悩んでいます」といった声も聞こえてきそうです。

前述の通り、繊細な人は「大きく・広く」捉えてしまうので、悩みのバリエーションが広がりがちです。しかし実はそれらも、3種類に集約することができます。

たとえば、災害や犯罪のニュース。それらの情報と接して悲しくなったり、不安になったりするとき、「自分の生命・安全」が脅かされる感覚になりませんか？　それは広い意味で言えば「健康」を失う不安です。自分にも同じことが起こるかもしれない、という気持ちが、瞬時に発生するのです。

加えて、被災者や被害者のつらさを、まるで「自分事」のように感じることもありますよね。

本人の認識では「人を心配している」状態ですが、それは実質、「自分の痛み」になっています。感情移入の力が働きすぎて、他者の苦しみまで一緒に苦しんでしまうのです。「やさしさ」は繊細な人の美点ですが、度をすぎると、心身をさいなむこともあります。

では、劣等感についてはどうでしょうか。これは一見、自分一人の内面で起こることのようですが、実は「人間関係」に入ります。劣等感は、一人では生じないからです。人と比べるからこそ「私はダメだ」「劣っている」という悩みになるのです。

ですから、劣等感を持つ人はきっと、「人に会うのがおっくう」とか、「自分より優れている人に違いない人と接するのは緊張する」といった気持ちも、日々感じているはずです。

このように、多種多様に枝分かれしている悩みも、元をたどれば三つだけ。

この三つとどう取り組むか、さらに見ていきましょう。

「お金・健康・人間関係――一番解決しやすいのは？」

お金と、健康と、人間関係。私たちの時間を奪う「悩み」の元は、この三つです。
この三つの悩みのうち、一番解決しやすいものはどれでしょうか。
お金は、なかなか手ごわいです。お金を得るのが大変だから……ではありません。
大変な人も、そうでない人もいるでしょうが、そこは本質ではありません。
お金は、「得たところでそれだけでは幸せにならない」。だから難題なのです。

お金があれば、生活の不安が軽減されることは確かです。お金が多ければ、人生の選択肢が増え、贅沢《ぜいたく》もできたりするというメリットはあります。
一方で、お金は、あってもなかなか100％の満足には達しないものです。あったらあったで、「もっと、もっと」という思いが強くなる人もいます。となると当然、「幸せ」は感じづらくなります。どんなに増えても同じです。「お金があるから完璧に幸せ」と言っている人に、私は会ったことがありません。

私は勉強のために色々な国のさまざまなセミナーやワークショップに参加してきましたが、その中にはいわゆる「大金持ち」と言われる人もいました。何百億から兆単位の資産がある人や、とてつもなく広い部屋で何千万円もする家具に囲まれて暮らしている人もいました。でも、必ずしも幸せそうには見えませんでした。家族関係がうまくいかず寂しそうな人もいれば、しょっちゅう豪勢なパーティを開き、きらびやかな方々に囲まれつつ、とても退屈そうな人もいました。

お金は、生きていくのに必要なものであり、あれば選択肢は増えるけれども（そのため、本書でも仕事の役に立つ話も書いています）、幸せな人生を手に入れるための「決定打」にはならないのです。

では、健康はどうでしょうか。健康は、お金とは別の意味で難題です。

当たり前だけれどシビアな事実として、健康を永遠に維持するのは不可能です。人は、いつか必ず生命を終えるからです。年齢を重ねるほど健康を損なうことが増えるのも、変えようのない事実です。

しかし、だからこそ、元気な時間をできる限り長く過ごしたいと思いませんか？

そのために医者がいて、こうして本を書いたりもするのです。
なお繊細な人は、実際の健康状態にかかわらず、不調になりやすいところがあります。病気ではなくとも、痛みやつらさを感じやすいからです。この感じやすさによる体調のつらさも、軽減はできます。この本ではおいおい、その方法も語っていきましょう。

さて、最後に残ったのは人間関係です。
これこそもっとも難題に違いない、と思われるでしょうか？
実は逆です。人間関係の悩みは、三つのうち、もっとも解決しやすいのです。
さらに人間関係は、お金と違って、解決すれば、幸せに直結します。
そして、健康と違って「一生モノ」の解決策があります。
その解決策を、順を追って、お話ししていきましょう。

「傷つきやすさを改善する」

繊細な人は、傷つきやすい人でもあります。

何に傷つくのでしょうか？　原因は8〜9割がた人間関係にあります。

「挨拶したのに無視された（感じ悪く返された）」「大事にしている価値観を否定された」「軽く扱われている気がする」など、人から大切にされていないと感じて傷つくのは、特別敏感な人でなくとも、よくあることです。

加えて、繊細さ・敏感さによって大きく感じられるストレスもあります。

たとえば、人と接したときに「自分が情けない」と思ってしまうという、繊細な人ならではの悩みです。「困っている人を助けられなかった」「親切にしたつもりが、見当違いだった」「変な言い方をして誤解させちゃったかも」「場が盛り上がらないのは、私のせい？」など、一日の終わりに思い出しては悩んだりしていませんか？

もしかしたら、思い出すのは、今日のことどころか、何年も前のことだったりするかもしれません。頭ではきっと、気にしすぎだとわかっているはずです。「そんなこと、いちいち気にしてたらキリがないよ」と人から言われた経験も、一度ならずあるでしょう。でも、やめられるなら苦労しないよ……と、思いますよね。

でも、気にするのをやめることはできます。

自分を責める気持ちも、人の言動に傷つく気持ちも、止められます。
その方法はただ一つ、「期待しない」です。

前著を読まれた方はすでにご存じだと思いますが、これはすべてのお悩み対策の根幹と言っても良いくらいの重要事項なので、改めて詳しく説明しましょう。

期待とは言うまでもなく、「良いことが実現するはず」と期待することです。

一見ポジティブで、前向きな姿勢ですね。ところが、これこそが「傷つく・気にしすぎる」、つまり日ごろのチクチクした感情の原因なのです。

「大切にしてもらえる」と期待するから、そうならなかったときに傷つくのです。
「自分ならできるはず」と思うから、できないときに傷つくのです。

当たり前のように、期待を抱いて生きていませんか？
それは、丸腰で戦場に突っ込んでいくようなものです。
傷つきやすい人ほど、「期待しない」という防具を装着すべきなのです。

「期待しない訓練」で前向きになれる

「期待しない」の方向性は、三つあります。

①「○○してもらえるはず」と、人に期待しない
→相手が失礼だったり冷淡だったりしても、ガッカリしないで済みます。

②「自分は○○できるはず」と、自分に期待しない
→自分を責めたり、「○○しなくては」と焦ったりしなくて済みます。

③「○○によってうまくいく」と、結果に期待しない

→良い結果にならなくても、落胆せずに済みます。

結果、悩む時間を最小化できるのです。

「何もかもあきらめろということ？」と思ったかもしれませんが、どうか誤解しないでください。決して「悲観的になれ」と言っているのではありません。

悲観的な態度とは、「しょせん他人は冷たい」「どうせ失敗する」「何をしてもうまくいくことはない」と、投げやりになることです。これはむしろ、期待が強すぎる状態です。

期待が強ければ強いほど、アテが外れたときの傷も深くなります。

その反動で「どうせ……」と心を閉じるのが、悲観モードです。

そうではなく、身につけるべきは、悲観でも楽観でもなく、フラットな態度です。

「絶対にうまくいくはず」でもなく、「うまくいくはずない」でもなく、「さて、うまくいくかな？」くらいの気持ちでいると、結果もフラットに受け止められます。

悪い結果に落ち込まず、良い結果に浮かれず、「あ、そうか」「じゃ、次はどうする？」と、未来に目を向けることもできます。心が平穏になるうえに、前向きにもなれるのです。

「全然、できる気がしない」と思うかもしれませんね。たしかに、最初は難しいです。

「期待しない」は、自転車と同じです。乗れるようになるには訓練が必要ですし、一定の練習期間がかかります。しかしいつかは必ず乗れるようになりますし、いったん乗れたら、もう乗り方を忘れることはありません。

「期待しない」の練習方法は、いたってシンプルです。
何かにガッカリしたとき、「あ、期待してた」と思うだけ。

この気づきを地道に繰り返していると、いつしか要領がつかめてきます。
それから、気づいたときに「また期待しちゃった、ダメだな……」と自分を責めないこと。気合を入れる必要もなく、普段はまったく意識しなくて結構です。
何かあって凹んでいる自分に気がついたら「あ、期待してたわ」と一瞬思い、すぐ忘れるのがコツ。このアッサリ感そのものが、「期待→ガッカリ」のクセから抜ける練習にもなっています。急がずのんびり、着実に取り組みましょう。

「人から大切にされたい」なら

「期待しない」の話に、まだ違和感がぬぐえない方もいると思います。「人に大切にされたいと願うのは、自然なことですよね？　それを抑えるなんておかしいのでは？」と、感じているかもしれません。

その通りです。当然の望みです。そして、皆さんにはその権利があります。本書の最終目的はそれを叶えることにある、と言っても良いくらいです。

「人から大切にされている」そして「自分で自分を大切にできている」という感覚を持てるようになること。これが本書の目指すゴールです。

そのためには、少しばかり回り道をする必要があります。「期待しない」もそうですが、これから紹介するスキルもまた、「急がば回れ」の精神が必要です。

今述べた「大切にされている」感覚のことを、「自己重要感」と言います。自己重要感は、人に必要とされたり、頼られたり、共感されたり、承認されたりといった経験によって高まります。従って、人間関係に大きく左右されます。もしも今、「人に気を許せない」「私も信頼されていないと思う」「友達がいない」「周りから好かれていない」「表面的な付き合いだけ」といった状態にあるなら、自己重要感は欠乏状態にあるはずです。悩み始めたらキリがないようにも思えます。

そんな自己重要感を満たすにはどうすれば良いでしょうか。

答えは、「他者の」自己重要感を満たすことです。

大切にされたければ、「自分から先に」大切にするのが、きれいごとではなく、正解です。

自己重要感は、すべての人が求めるもの。それを満たしてくれる相手には、誰もが無条件に好意を持ち、その人を大切にします。つまり「急がば回れ」であると同時に、「先手必勝」のスキルなのです。

繊細な人もそうでない人も、かなりの確率で、ここを間違います。

「私を大切にしてほしい」と他者に期待し、その期待が外れて傷つき、さらに渇望する。そんなループを、回り続けてはいないでしょうか。

「私はいつだって、人に気を遣っています」「こちらは気を遣っているのに、大切にしてもらえていません」という方もいるでしょう。たしかに、心やさしい人なら、常日頃から人への配慮は欠かさないはず。それにもかかわらず大切にされていないと感じるなら……。

残念ながら、その配慮が相手に「刺さって」いない可能性があります。


他者の自己重要感を満たすには、思いやりだけでなく、分析が必要です。

自己重要感が満たされるポイントは、一人ひとり違うからです。

ここからは、他者を知るための、いくつかの切り口を紹介します。

周囲の人々の性格や価値観をつかみ、「刺さる」接し方を探ってみましょう。

人間関係をラクにする「基本の3タイプ」

まず知っていただきたいのは、基本的な「人の3タイプ」です。

人間の個性は、①パーソナリティ重視タイプ、②パフォーマンス重視タイプ、③ブランド重視タイプに大別できます。

これは、私が長年役立てているタイプ分類です。

以下、三つのタイプの人物像と、自己重要感を満たす方法を紹介します。

①パーソナリティ重視タイプ

- 人と接するときは人柄重視、物を選ぶときは品質重視
- 信頼や愛情など、「目に見えないもの」に価値を置く
- 穏やかな物腰の、気配りの人
- ただし、信念に反することは断固受け入れない

〈自己重要感を満たすには〉

・人柄を褒める、気配りに感謝する
・話を聞き、共感し、理解者になる
・誠実さと温厚さを前面に出す
・裏表のある人を嫌うので、ほかの人々にも誠実に接する

②パフォーマンス重視タイプ
・最短で最大の成果を目指す
・成績や実績、財産など「目に見えるもの」に価値を置く
・「自分への投資」に熱心
・明確で無駄のない話し方をする。ときに辛辣になることも

〈自己重要感を満たすには〉
・相手と同じく、なるべく無駄なくテキパキと話す
・「デキる人」であることを褒める
・空虚なお世辞は逆効果。成果を出したときにその事実を端的に評価するのがコツ

③ブランド重視タイプ

・権威、権力、地位などに価値を置く
・自由にふるまえることが幸せの源
・身振り手振りが大きく、エネルギッシュで行動力がある
・人に仕切られたり、コントロールされたりするのは嫌い

〈自己重要感を満たすには〉

・「すごい」「素敵」といった派手な言葉で褒める
・人前で褒めると効果倍増
・「さすが○○さん、ちょっと違うね」など、「あなたは特別」と感じさせる
・接している間は、相手のペースに合わせる

以上を踏まえ、まずは身近な人から、相手が喜ぶ接し方を実践してみてください。

#「リスク／ホープ」と「フィックス／フレックス」

「周囲の人を思い浮かべたけれど、3タイプにうまく当てはまらない」という感想が、きっと出てくると思います。それもそのはずです。

どんな人も、「100％このタイプ」になることはありません。たとえば、誠実で穏やかな基本はパーソナリティ重視タイプの人が、自分の学歴を内心誇っているなどの「ブランド要素」も持っている、といったことはいくらでもあります。

誰の中にも、三つのタイプが混ざり合っています。その中でどの要素が強いか、と考えていくのが正解です。

次に紹介する「リスク／ホープ」というタイプ分けにも、同じことが言えます。

これは、物事に向かうときの動機の違いです。これは実は結構大きなポイントです。

リスク型は、「○○になったら怖いから、○○しよう」というふうに、危険回避が動機になるタイプ。対してホープ型は、「○○できたらいいことがある！　頑張ろう!」と、希望がエンジンになるタイプ。

こちらも、「100%リスク型」「100%ホープ型」の人はめったにいません。図1のように、二極の間で「リスク寄り」「ホープ寄り」のどこかに位置付けられます。

さらにもう一つ、「フィックス/フレックス」というタイプ分けを紹介しましょう。図2に載せたこの分類法は、人間関係づくりの有効なヒントになります。こちらは前の二つと違い、「フィックスか、フレックスか」に、かなり明確に分かれます。フィックスにもフレックスにも複数の特徴がありますが、皆さんに注目していただきたいポイントは、「本音と建前」に対する、両者の対照的な姿勢です。

フィックスタイプの人は、本音と建前がくっきりと分かれています。自分の考えを言うとき、「これは本音」「これは建前」と、頭の中で線を引いています。

フレックスの人は反対に、本音と建前の境界が曖昧で、広いグレーゾーンがあります。発している言葉が本音か建前か、自分でもあまりわかっていない、というより、そもそも明確にする必要を感じていません。

図1　リスク／ホープ

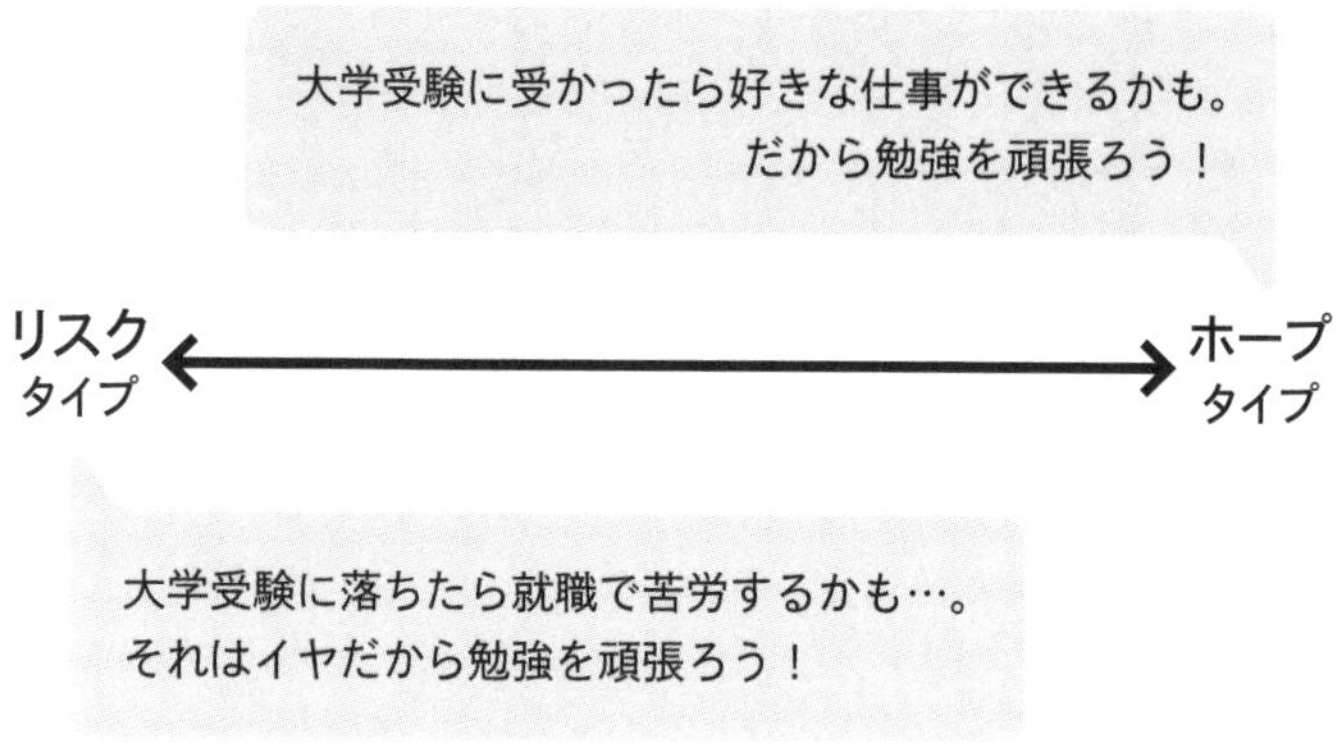
大学受験に受かったら好きな仕事ができるかも。
だから勉強を頑張ろう！
リスクタイプ
ホープタイプ
大学受験に落ちたら就職で苦労するかも…。
それはイヤだから勉強を頑張ろう！

図2　フィックス／フレックス

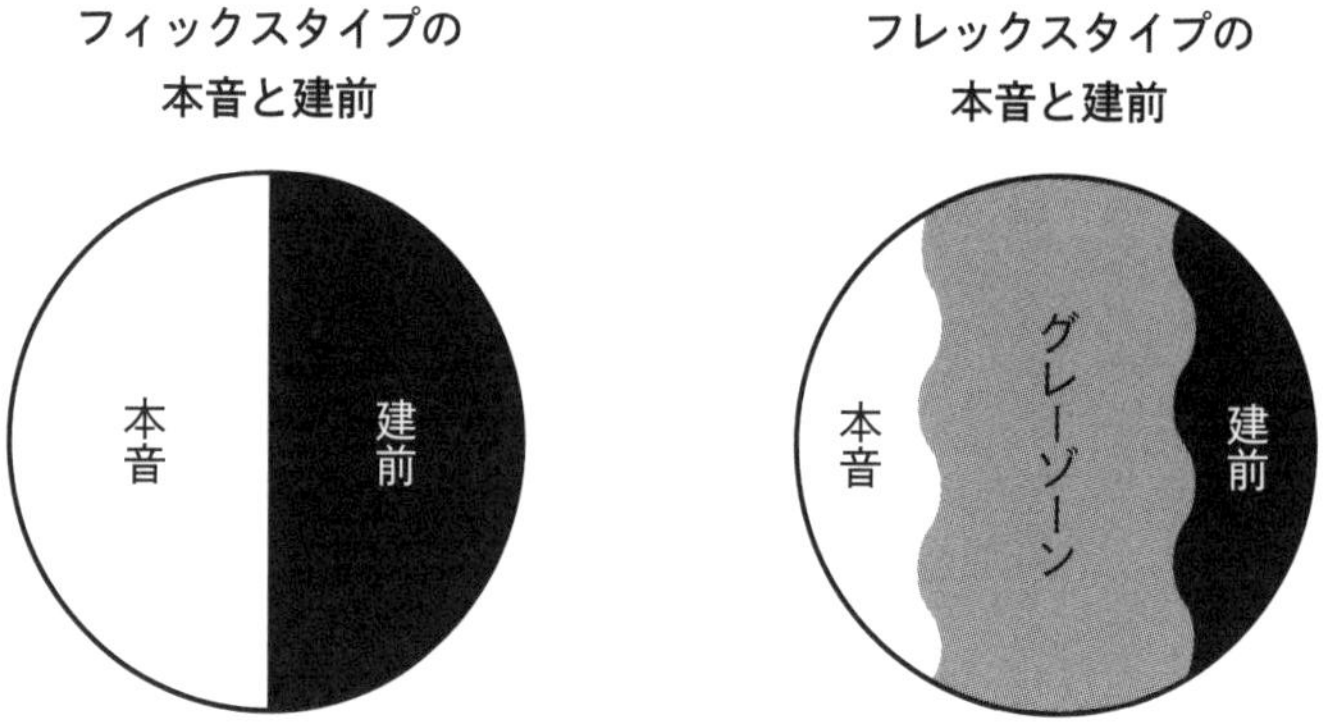
フィックスタイプの本音と建前
本音
建前
フレックスタイプの本音と建前
本音
グレーゾーン
建前

フィックスの人は、ともするとフレックスの人に対して「どこまで本気なの?」「いい加減な人!」と不信感を抱きます。逆にフレックスの人は、フィックスの人を否定的に断じることはまれです。持ち前の曖昧さが、ここでは幸いしているようです。

自分と別のタイプを「良い・悪い」でジャッジしない

以上、いくつかのタイプ分析を紹介してきました。相手の自己重要感を満たす手がかりが、少しつかめたでしょうか。3タイプごとの接し方は、すでに述べた通りです。

「リスク/ホープ」に関しては、相手に「頑張ってほしい」ときに活用できます。部下や後輩、パートナーや子供など、自分が応援している人のモチベーションを上げたいときは、相手がどちらのタイプかを考えましょう。

たとえば、大学受験を控えた子供を持つ親御さんの場合。ホープタイプの子供なら、

「受かったら、車買ってあげる！」など、相手が楽しみに思うようなことを言うのが正解です。対して、リスクタイプなら「受からないと大変だよ。浪人はさせてあげられないよ」と、危機感に訴えるのが（少々気の毒ですが）効果的です。

では、「フィックス／フレックス」についてはどうでしょうか。

とくにフィックスの人が注意すべきは、フレックスの人をむやみに断罪しないこと。「こういう人なのだ」と認めることを意識しましょう。

この両者は近しい間柄になると——とくに恋愛関係では、何かと軋轢《あつれき》が起こります。

フィックスさんが「愛してるって言ったよね？　あれはウソ⁉」と怒る。

フレックスさんが「いやぁ、気が変わることもあるじゃん……」と火に油を注ぐ。

そんな修羅場が、しばしば展開されるのです。

もちろん、この場面でフィックスさんが傷つくのは当然です。気持ちを押し殺して平気な顔でいましょう、とは言いません。しかし、別れてから何年経っても、「あの人は悪い人だった」「あんな人を信じた私ってバカ」と思い続けているとしたら？

相手を恨むのも、自分を責めるのも、悩む時間がもったいありません。そこは「あの人、フレックスだったんだなー」で済ませたほうが、ずっとラクです。

「良い・悪い」で考えないことは、人間関係で悩まないための重要な秘訣です。

ここまで登場したすべてのタイプに、「良い・悪い」の差はありません。あるのは、単なる「違い」だけです。

「パフォーマンスタイプってガメツそう」「ブランドタイプって俗っぽい」「ホープタイプって能天気」「リスクタイプってネガティブ」「フレックスって不誠実」「フィックスって融通が利かない」

などと、自分と異なるタイプをジャッジしないことが大切です。

「合う・合わない」は、当然あります。合わないから距離を取ることもあるでしょう。

それも、「どちらが悪いから」ではなく、ただ「違った」ということです。

善悪でもなく、優劣でもなく、異なる個性として存在を認める。

このフラットな視点を持てれば、「期待しない」にも大いに効果があります。

「疲れて頑張れないときの処方箋」

ここまでお伝えしてきたことは、繊細な人の悩み時間を減らすための基本となる考え方や知識の部分にあたり、難易度は高めです。期待しない、相手の自己重要感を満たす、ジャッジしない……いずれも、すぐ得られるようなスキルではありません。

焦らず面倒くさがらず、「気楽に気長に、でも忘れずに」をモットーにしましょう。

とくに「他者の自己重要感を満たす」では、この心構えが必須です。HSPの方々はただでさえ、人に気を遣いすぎる傾向があります。その気遣いは、ともすると「気疲れ」を招きますので、慣れないうちから飛ばしすぎると大変です。

でも本当は、「他者の自己重要感を満たす」は、最終的には自分の気疲れにも非常によく効きます。高い精度で相手に喜びをもたらせる、つまり最小限の気遣いで最大の効果を得られるようになるからです。

しかしそれは、あくまで慣れたあと、もう少し先の話。最初から全力を注ぐと、効果が出る前に自分が疲れてしまうので気を付けましょう。

一方、「今すでに、毎日疲れ果てています」という方も多いと思います。

無理もありません。繊細な人は、人への気遣いだけでなく、無数のことを敏感に感じ取って生きています。風景、音、家事や仕事、メディアから受け取る情報……あらゆることに心が動くので、人の2倍も3倍も疲れやすいのです。

疲労のせいでやる気が出ない状態も、しょっちゅう経験するでしょう。するとつい、「動けない自分はダメだ」と、思ってしまいますね。でも、疲れているのだから当たり前です。この状態でエネルギーに満ち溢れていたら、そのほうが変でしょう。

この場面では、「自分はダメだ」をやめるだけでも、かなりラクになります。繊細な人の疲労は、焦りや自責が上乗せされて膨張し、ますます動けなくなる悪循環に陥りがちです。ですから、こまめに「疲れて当たり前！」と自分に声をかけ、上乗せぶんの疲れだけでも食い止めましょう。

では、疲れやすさ自体には、どう対処すれば良いでしょうか。

残念ながら、感じやすさと疲れやすさはほぼ一体なので、その体質を変えるのは難しい、と言わざるを得ません。しかし、疲れやすくとも、無理なく頑張ることならできます。「疲れない頑張り方がある」と言ったほうが正確かもしれません。

いや、もっと良い言い方がありました。

「頑張らずに、やるべきことを実行する方法がある」、これがピッタリです。

次は、その方法をお話ししましょう。

「スモールステップ」を使えば一気にラクになる

「やるべきことができない」とき、HSPの人の心の中では、そのタスクが実際より大きく見える、という錯覚が起こっています。本人も「本当は錯覚だ」と、薄々わかってはいるのです。わかっているからこそ、「大した用事じゃないのに……」という自責が上乗せされてしまうのです。そんなとき、「本当は大仕事じゃないんだから、頑張れ」と自分を奮《ふる》い立たせても、あまり意味はありません。

考えるだけでため息が出るような事柄については、大きく見えるものを、小さく、細かく分けるのが近道です。大きく「見える」だけでなく、本当に大きい仕事でも同じです。これが、頑張らずに実行する方法、「スモールステップ」です。

高い場所まで「5歩で上れ」と言われたら、一つひとつの段差が高すぎて、イヤですよね。しかし、50段に分ければラクですし、100段なら、もっと簡単です。低い1段を楽々上ると勢いがついて、2段目はもっと上りやすくなります。

ちょうど、「大仕事」に見えるテーマ、「他者の自己肯定感を満たす」で考えてみましょう。スモールステップに分けると、1段目はすぐに上れます。

たとえば1段目として「気心の知れた友達を褒める」。この人は○○タイプかな、と仮定して、喜んでくれそうなことを言ってみるのです。これなら、気軽にできますね。

2段目は、「普段との反応の違いを見る」。喜んでくれたら成功ですし、いつもとさほど変わらなくても、「別の方法を試す」という3段目を上ることができます。

この調子で、10段目くらいまでは、仲の良い人や気軽に話せる人を対象に進めていき、少しずつ……本当に少しずつ、「単なる知人」や「ちょっと緊張する人」にもトライしていきましょう。イメージがわいてきましたか？

ほかのタスクでも、要領は同じです。

「仕事をする」をいきなり目指さず、「まずパソコンを開く」だけ。

「ごはんを作る」ではなく、「まずは冷蔵庫を開ける」だけ。

「起床する」ではなく、「まず布団の中で座る」だけ……。

それだけでも大仕事だと感じるなら、さらに小分けを。

起きる前に座るのではなく、「寝返りを打つ」→「横向きになる」→「膝を曲げる」→「そのままゴロンとうつ伏せになる」なら、どうでしょう？　次のステップで「座る」に到達できる気がしませんか？

しんどいことほど、段差を低くしましょう。

「しんどいと感じる自分」を責める時間は全部省略して、自分に合った高さのステップを設定してみてください。

段を細かく、低く、イヤでも上れるサイズにしてしまえば、必ず上れます。

効率よくレベルアップしたいなら「50点主義」

スモールステップには、やるべきことがやりやすくなる効果のほかに、もう一つ、大きなメリットがあります。1段上るごとに、小さな成功体験が積める、というメリットです。

一つひとつが簡単に達成できて、そのたびに「できた!」と思える。これは、HSPの方々があんまり味わってこなかった感覚です。

というのは、繊細な人は、成功を感じづらい傾向があるためです。

その裏側には、「完璧主義」という心のクセがあります。

繊細な人は、なぜ完璧主義に傾くのでしょうか。それは敏感であるがゆえに、あらゆる情報が大きなボリュームで飛び込んでくるからです。

ほかの人なら、ボリュームが適度に絞られて、「これはどうでもいい」「そもそも、頭に入ってすらこない」といった自動的な取捨選択がされているものを、敏感な人は、

「どの部分が重要？」「どこを押さえておけばＯＫ？」と一つずつ判断します。

結果、「あれもこれも全部やらなくては」と感じたり、重要でない部分が少しうまくできなかっただけで気にしたり、ということが起こります。


そこで、スモールステップと並行して、完璧主義の解除も行いましょう。

スモールステップで各タスクの「量」を小さくしながら、各タスクの「質」、つまり合格点を下げるのです。


今、あなたが自分に設定している合格点が１００点なら、50点でよしとしましょう。

一気に半分になりますが、元が高すぎるので、これくらい大胆に下げるのがおすすめです。


ちなみに「50点主義」は、「期待しない」の一環でもあります。完璧主義とは、自分に期待している証《あかし》でもあるからです。先ほど「自分に期待しない」の話をしたとき、もしかすると皆さんは、こう感じたかもしれません。

「そんなに向上心のないことでいいの？」「努力しなくていいの？」と。でも、そうではないのです。自分に期待しないのは、余計な一喜一憂に振り回されないための方策です。

目的はあくまで、思ったようりうまくいかなかったときに無駄に凹んだり、悩んだりする時間をなくすこと。そうしておいて、今できることをする、1段ずつ階段を上る、という姿勢を持ちましょう。

なお、実際に50点の出来栄えになったとき、「やっぱりヒドイな」「ここも、ここもできていない」と、ダメな点を数え上げるのもいい効果を生みません。元の目標が高すぎたのです。足りない50の部分ではなく、できている50の部分に着目しましょう。「50点だから目標達成。合格！」。そのうえで、できる部分を確認して、足りない部分はまたスモールステップで上っていけばいいのです。

「繊細な人が大きく成功するには」

成功体験、と言えば……世の中の、いわゆる「成功者」は、なぜ成功するのだと思いますか？

10年ほど前、その要因を探る大規模研究が米国で行われました。ハーバード大学の卒業生を対象に、20年にわたってその後の人生を追跡し、社会的成功を収めた人と、そうでない人の分かれ目を調査。実家の経済力、ＩＱ、専攻分野などなど、さまざまな比較軸で調べたものの、いずれも、決定的な要因ではないことがわかりました。

では何が決め手だったかというと、なんと「頑張り」だったそうです。

「成功したのは、成功するまであきらめなかったから」——少し拍子抜けするような話ですが、それが最終結論でした。

国内でも、似た実験があります。東大を卒業した人のグループと、それ以外の大学を出た人のグループで、「どれだけ長く息を止めていられるか」を競ったところ、東大卒の人々のほうが明らかに長かったそうです。ここでも、東大に合格して卒業するという成果と、「頑張れるか否か」は深く関わっていることがうかがえます。

だから、繊細な人もとにかく頑張れ……という話ではありません。

この本にあるのは「頑張らなくても結果を出せる方法」だと書きましたね。成功の決め手が頑張りなら、その「頑張れる力」はどこから生まれるのか、そこが重要です。成功するまで頑張れる人の共通点は何かというと、それは、「成功体験があること」です。禅問答のようになってきましたが、要は、こういうことです。

もともと、成功を感じやすい人は……

↓ 成功を感じやすいため、必然的に成功体験が多くなる

↓ チャレンジを恐れなくなる

↓ 失敗しても、いちいちダメージを受けない

↓ 成功するまで何度でもチャレンジする

↓ 成功する

つまり、スモールステップで「できた！」を多く味わい、「50点主義」でさらに成功を感じやすくすれば、いずれは大きなチャレンジも怖くなくなり、大きな成功もで

きる可能性が高くなるのです。

逆に言うと、「100点じゃなかった」「またできなかった」とガッカリしてばかりいると、今の気分が後ろ向きになるだけでなく、未来の可能性まで狭まるということです。

完璧主義の自覚がある人は、自分に厳しくするよりも、ハードルを下げたほうが効率的にレベルアップできるというスタイルを、ぜひ試してみてほしいです。

「あなたにとっての「成功」は何ですか?」

ここまで読んで、「成功」という言葉に違和感を覚える方もいるかもしれません。

「私は貪欲なタイプではないし、ガツガツ成功を目指すのは興味ないかな」

「エリートになりたいわけでも、億万長者になりたいわけでもない」

野望を抱き、叶えて贅沢な生活を送る、などの「典型的な成功者像」に、繊細な人は、どこかしら縁遠さを感じることがあるようです。

しかし成功とは、そうした世間的なイメージに限ったことではまったくありません。究極的に言えば、その人が幸福を感じて生きているなら、どんな人生であれ、また人がどう思おうと、成功です。

そこで重要となるのが、「自分が何に幸福を感じるか」というポイントです。

皆さんは、「私が求めるものはこれです」と言えますか？

この点を明確にしていない人は、意外に多くいます。

それは、「無駄な悩み時間」を増やす一因となります。たとえば、もともとキャリア志向でもないのに、大学の同級生が出世したらなんとなく劣等感に駆られて悩んだり。

その無駄を防ぐためにも、自分の幸せ実感ポイントを明確にしましょう。

ここでも前述の「3タイプ分け」が役に立ちます。今度は他者のためではなく、自分がどれに当てはまるか、を考えます。パーソナリティ重視、パフォーマンス重視、ブランド重視、それぞれが求める成功の形は、大きく違います。

パーソナリティ重視の人にとっての成功は、自分の人格を高めることです。

誠実さ、高潔さ、温かさ、深みといったものを備え、結果として、他者との間に信頼関係を築き、理解し合える人たちとの交わりを持つことを求めます。

パフォーマンス重視の人は、実績や財産など、形ある成果を手に入れることを望みます。また、人との関わりにおいては「切磋琢磨」を求めます。好敵手と競い合い、互いを高め合っていくことに、やりがいと喜びを感じます。

ブランド重視の人は、地位や権威などのきらびやかなものに惹かれますが、それは「自分が自由に動ける」「イニシアチブを取って行動する」という目的があるからです。

あなたは、どんな幸せを望みますか？　ぜひ考えてみてください。

意外に俗っぽい本音やイヤな一面を発見しても、「恥ずかしい」などと思う必要は一切ありません。自分に対しても、良い・悪いのジャッジを下すのは禁物です。望みを見つけて正直に向き合ったら、あとは期待せずに淡々と進んでいくのみです。

「できること・できないことを整理する」

序章の最後にもう一つ、大事な心得をお伝えします。

自分で変えられることと、変えられないことを、きっちり区別しましょう。

これは、悩み時間を減らすための、非常に重要なポイントです。


変えられないものの筆頭格は、「他者」です。

人が何を考え、どう行動するかは、その人の領域。こちらが何をしようと、変えられません。家族でも友人でも誰でも同じです。これを認識していないと、色々な弊害があります。変えようと無駄な努力をして疲れたり、変えられなくて傷ついたり、変わってくれなかったことを恨んだり。言うまでもなく、悩み時間が消費されます。

クリニックに来られる方にも、そうした方はたくさんいます。

「私がこんなにつらいのは、同僚の○○さんのせいです」「親のせいで、自信のない人間になってしまいました」「ひどい恋人に振り回されたせいで、今も恋愛ができません」といったお話に耳を傾けながら、私は内心、「変えられるところに、もっと目を向けてほしいな」と思います。

でも、そう思う私自身も、患者さんを変えることはできません。

ですから、基本はひたすら聞き、気持ちを受け止めます。ときどきチャンスを見て「変えられること」の話もします。たとえば、「今は、これができていますね」と、良い部分への注目を促したり、「これができるようになりましたね」と、良い変化を指摘したり。あとはご本人の関心がそちらに向くかどうかですが、それを決めるのもご本人なので、根気よく待つしかありません。

——さて、皆さんはどうですか？

変えられないことを変えようとして、何年も苦しんでいませんか？　それに疲れて、変えられることを放置したり、投げやりな気分であきらめたりしていませんか？

もし思い当たるなら、今こそ変わるチャンスです。

時間とエネルギーの有効活用を始めましょう。

次章からは、そのための具体的な方策をお話しします。

ここまでお話しした、基本となる「大枠の心構えの話」と違って、難易度はぐっと下がります。意気込まず、肩の力を抜いて、次の小さなステップに歩み出しましょう。

第 1 章

「損する悩み」を
ショートカット

第1章では、日常生活や仕事において、「損を招きがちな悩み」を扱います。

もしかすると自分でも「この考え方でいつも損をしているな」とか、「ここでこういう行動をとってしまうために、いつまでも願い事が先送りになっているな」など、心当たりが浮かんだ方もいるかもしれません。

後ほど詳しく書きますが、かくいう私も、いつも同じ思考・行動パターンのせいで「ずっとやりたいと思っているはずのことが一向に実現できない」ときがありました。

逆に、絶対にやらなくてはいけないのに「どうしても苦手だから」と後回しにした挙げ句、締切を守れなかったり、失敗したりもしていました。

繊細な人は、不安や恐れなど自分の感情はもちろんのこと、細かいことにも気が回るため、「やりたいこと」や「やるべきこと」を前に、「あれをやりたい！　でも……」「これをやらなきゃ！　でも……」と、つい「でも……」が発生しがちです。

この「でも……」がなくなったら、爽快だと思いませんか？

とはいえ、基本的には、無理やり心配を押し殺してスタートしたり、何も準備せず「えいや！」で未知の世界に飛び込むことは、繊細な人の感覚にはなじみませんよね。

そこで本章では、このお邪魔虫な「でも……」を、無理なく、納得しながら取り去るための考え方や行動のステップを紹介します。

繊細な人を身構えさせる「でも……」の理由を分析し、一つずつ対策していけば、あんなに気が重かった「やるべきこと」や、なんとなくあきらめかけていた「やってみたいこと」が、思いのほか気楽に取り組めるものだときっと気づくはずです。

物事をつぶさに見て、丁寧に考えることのできる繊細な人は、「納得」できればきちんと実践できます。そして「実践」して成功体験を得られれば、着実に「習慣化」することができます。そこは、繊細でない人よりも得意なはずです。

ここからは各章を通じてたくさんの「お悩みショートカット」術を紹介していきますので、あなたに合いそうなものから一つずつ、試してみてください。

「興味のあることを行動に移せない」

繊細な人は、総じて引っ込み思案な傾向があります。

世の多くの人――とくに「アクティブな人」の行動は、繊細な人から見ると、「まるで空を飛んでいるよう」だと思いませんか？

多くの趣味を持ち、物怖じせずに人との交流を広げ、色々なお店やコミュニティに足を踏み入れ、未知の場所を旅し……まさに、離れ業です。

そんな人たちを見て、「好奇心旺盛ですごいなあ」「それに比べて、私の世界はちっぽけだな」と思っていませんか？　そこには、ちょっとした誤解があります。

繊細な人たちは、好奇心がないわけではありません。さまざまなことに心を動かされるということは、むしろ、好奇心は人一倍強いほうなのです。

さらに言うと、心動かされやすい人は、アクティブな人と同じくらい、心の中で大冒険をしています。

ＹｏｕＴｕｂｅを見ていて、世界各地の絶景に心奪われることはありませんか？何気なく開いた画集の絵が、何年も心に残ることはないでしょうか？

その感動はおそらく、アクティブな人が、現地を旅して風景や絵画を見たときの感動の大きさと、さほど変わらないでしょう。

ですから「自分の世界がちっぽけだ」などとは、思わないでほしいのです。

問題があるとしたら、「○○したいのに、できない」と思っているときです。

スポーツを始めたいとか、楽器を習いたいとか、あの国に行きたいとか、興味を引かれていることがあるにもかかわらず、「おっくうだな」「趣味を始めても長続きしないだろうな」「知らない国は怖いな」と尻込みして、何年もそのままにしているなら、それは損をしているかもしれません。

次ページの図3を見てみましょう。これはビジネスシーンでよく使われる、「緊急度・重要度マトリックス」と呼ばれるものです。

重要で緊急な用事（①）なら、すぐやるでしょう。重要ではないけれど緊急の用事

図3　緊急度・重要度マトリックス

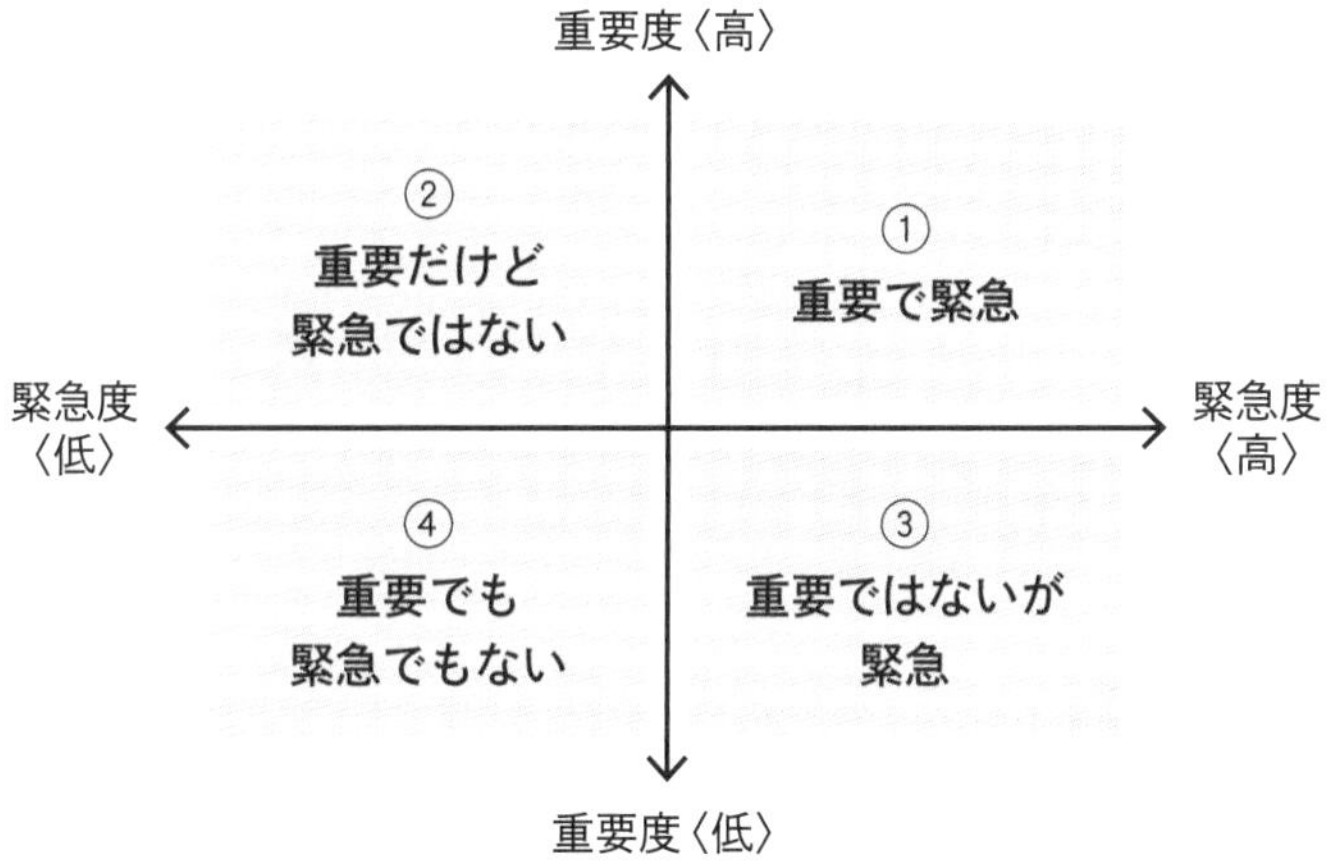

（③）なら、これまたササッと済ませるはず。重要でも緊急でもない（④）なら、それはやらなくてOKです。

では、重要だけど緊急ではないこと（②）はどうでしょう。繊細な人は、この領域を後回しにしがちです。

②は、実行すればきっと一生の糧になるくらい、あなたにとって大事なことです。

それなのに「ちょっと怖いし、今でなくてもいいか」と先延ばしにしたら、人生の最後に悔やむことになりかねません。それがやりたいことなら、ぜひ実行に移しましょう。

引っ込み思案でも大丈夫。そこをク

リアする方法は、きちんとあります。

まず、したいのにできないのはなぜかを考えてみましょう。

それは「大仕事」すぎる——つまり、ハードルが高すぎるからです。

たとえば、「スマホで、あのコンテンツを見たいな」と思ったとき、実行するのは簡単ですね。この場面で「したいのにできない現象」は、まず起こりません。

ここまで言えば、もうおわかりだと思います。そう、解決策は「スモールステップ」です。やりたいことを、小さな単位に分解すればいいのです。

たとえゴールが山の頂上のように高くとも、そこまでの一歩一歩を「スマホを見る」並みに小さくすれば、気負わず、着実に上って行けます。

たとえば私は、長年「ギターを弾けるようになりたい」と思いつつ、10年以上、始めることができませんでした。ところが2年前、楽器の得意な友人にそれを話したら、「だったら、始めようよ」と言われ、楽器店に連れていかれてギターを購入。その後バンドを組み、現在は週に数回スタジオで練習をし、近々、初ライブという運びになっています。

ここでの私の最初のアクションは、友人に話すという、小さなものでした。

これは、おすすめの1段目です。私のように、その道に詳しい友人に話すのも良いですし、「同じく初心者だけど、やってみたい」というお仲間を探すのも手です。知らないことを始めるときも、二人なら心丈夫ですね。


そのほか、近くの教室をネットで探す、旅したい国のガイドブックを買う、なども良い方法です。情報に触れると、不思議とやる気が出てくるもの。

「最初の1段」は、小さくとも意外に大きな推進力となるのです。


その後のステップを着実に上って行くコツもあります。

それは、予定を入れてしまうことです。

「時間ができたらやろう」と思うだけでは、なかなか実行できないものです。「○月○日、○時から」と、先に予定を組みましょう。

このときも、外部の力を借りると、よりうまくいきます。

「○○の勉強を始める」などの一人きりで行う予定だと、「やっぱり今日はやめておこう」となりかねません。「教室の見学予約を入れる」というように、少しばかり強制力を持たせるのがコツです。

最後にもう一つ。

実際にやってみたら楽しくなかったり、中途でリタイアしたりしたときに、ガッカリするのは禁物です。

私も昔、チェロに挑戦してすぐ挫折したほか、色々途中で投げ出していますが、「自分はダメだ」などとはまったく思いません。

自分にも、結果にも「期待しない」ことが、ここでも大事です。

結果をサラリと受け止めて、また別の何かに興味を抱いたら、また小さな1段目を設定して簡単に上ればいいのです。簡単なアクションを、気軽に重ねていきましょう。

成功体験以外の方法を避けがち

ＨＳＰの人は成功を感じにくい、という話をしましたね。

それは裏を返すと、成功体験に希少価値を見出しやすいということです。

引っ込み思案だったり考えすぎたりで、成功を感じた体験数が少ない傾向があるため、一つひとつをとても大事にします。そしてときどき、大事にしすぎます。

身近な例でいえば、美味しいお店を1軒見つけたら、「今日もここにしよう、ほかの店に行って失敗したらイヤだし」と新規開拓しなくなる、といったことです。似合う服やメイク、得意な科目や分野、うまくこなせる仕事などにも、同じことが起こります。しかし年月が経てば、似合っていた服が似合わなくなることもありますね。世の中の状況が変わり、新しい知識や技能を身につけなくてはいけないことも出てくるでしょう。

「得意なこと」「安心なこと」の内側に住み続けていると、知らずしらず損をする可能性があるのです。

私にそう言われるまでもなく、「このままでいいのかな？」と感じている方は多いと思います。でも、安心ゾーンの外側はやはり怖い……そう思ってしまう自分を、ふがいないと感じていませんか？　決して、ふがいなくはありません。

新しいことが怖いというのは、自然な感情です。新しい体験とは、言い換えれば「変化」です。変化とは一つの刺激であり、刺激とは、ストレスにほかなりません。

繊細だったり、敏感だったりする人が変化を恐れるのは、無理もないことなのです。

では、変化や刺激を恐れず、ときに好む人は一体なぜそうできるのでしょう。

それは、そうした刺激を、敏感な人よりもマイルドに感じ取っているからです。適度に薄められた刺激は、むしろ楽しさにつながります。恐怖感も、薄めれば「ドキドキ・ワクワク」になるのです。

逆に、ＨＳＰの方々よりもさらに激しく、変化を嫌う人たちもいます。私の専門分野である、自閉症スペクトラムなどの発達障害のある方々です。

自閉症スペクトラム等の方は、規則的に同じことを繰り返したい「こだわり」を持ち、それが崩れると、非常なストレスを感じます。毎日ピッタリ同時刻に出勤しないと気が済まない、駅までの行き帰りは同じ道でないといけない、〇曜日はどこそこの店でこのメニューを食べないといけない、などなど。その店が閉店でもしようものなら、パニックを起こしかねません。

皆さんの場合は、そこまで極端ではないと思います。とはいえ、そうした方々向けの医療的アプローチの手法には、参考になる部分があります。たとえば米国には、自閉症の子供たちに対し、学校生活に備えて「休み時間の過ごし方」のレッスンをするという方法があります。「授業時間の過ごし方」ではないのがポイントです。

授業は、彼らにとっては、さほど苦行ではありません。何曜日の何時間目はこれ、と決まっていますし、座って聞く・テキストを読む・聞かれたことに回答する、というふうに、やることも限られているからです。

対して、休み時間は自由さが苦行になります。何をしたらいいかわからない、イレギュラーに新しいことが起こる、周囲の子たちの声がけたたましい、しゃべっている内容もランダム……となると、途方に暮れてしまうのです。

そこで医師たちは、「休み時間に起こりうること」と「彼らがすると良いこと」を、あらかじめ知識として教えます。「予想外」をできる限り防ぐとともに、「予定」を組ませるのです。

似た要領で、HSPの皆さんにも、「変化の予定」を入れることをおすすめします。「○月○日、仕事のあとに、○○の会に行く」など、あらかじめ決めてしまうのです。

フリータイムが「何をしてもいい時間」のままだと、なんとなくいつもと同じことを繰り返してしまいがちですが、予定が入っていれば、レールに乗るだけで新しい体験ができます。予定は、「イレギュラー感」を緩和する手立てになるのです。

このとき、それまでの生活とかけ離れたことをいきなり行うのはNGです。刺激が強すぎて、ただ疲れるだけで終わってしまうからです。いつもと「少しだけ」違うことから手を付けて、徐々に広げていくのが賢い方法です。

前述の通り皆さんは、本当は人一倍、好奇心を持っています。ですから、刺激がピタリとはまれば……つまり適度にマイルドで相性の良い刺激なら、「すごく楽しい！」と感じられるでしょう。

一方で、「すごく楽しい！」ときにも要注意ポイントがあります。意気投合した会合の仲間に、予定にはなかった「二次会も行こうよ」と誘われたり、思いのほか楽しかった勉強会で「興味があるなら、この後の講座にも残ったら？」と勧められたりしても、少しでも「どうしよう……」と思うなら、断ったほうが安全です。

「やっと一歩踏み出せて、しかも楽しいのに、どうして？」「せっかく勢いがついたなら、一気に世界を広げたほうがいいのでは」と思うかもしれませんが、勢いで行動するのは、本来、敏感な人に合ったやり方ではありません。

せっかく予定を立ててイレギュラー感を抑えたのに、予定外のことを加えると、またまた刺激過多になってしまうかもしれません。そのときは勢いで乗り切れても、翌日以降にどっと疲れがくる可能性大です。

敏感な方によくある、「楽しかった。でもめちゃくちゃ疲れた」という感覚は、たいてい、刺激の「許容量」を超えたせいで起こります。

ゆったりと自分のペースで親しんでいくことが、自分に適した「変化との付き合い方」だと覚えておきましょう。

リアルな実力を見積もって天井を低く設けがち

どちらかというと謙虚で控えめ——自分の性格をそう捉えている方も、本書の読者の皆さんの中には多いと思います。その理由は、完璧主義のせいで、自分の欠点が目につきやすいからです。

謙虚さは一見良いことのようですが、損することも多々あります。たとえば、人から見たら十分上手にできていることを「いえいえ、私なんて全然ダメです」と卑下しすぎて、「イヤミ?」と捉えられてしまったり。

もっと大きな損もあります。

自己評価が低すぎて、高い目標を設定できないことです。

子供のころ、習い事で「頑張れば賞が取れるよ」と言われても、「私は競争なんてしたくない」と、尻込みしたことはありませんか? 10代のころ、本当は絵を褒められたのが嬉しかったのに、普通の大学だけを受験したことはなかったでしょうか。

もちろん「競争はイヤだ」という考え方も、尊重されるべきです。

でも、本音のところはどうでしたか？　「どうせ、私なんかには無理だ」と思っていたのなら、それは明らかに「機会損失」です。

自分の実力を低く見積もって目標を控えめにすると、結果も控えめになります。それは、先々の可能性を狭めることになりかねません。

習い事や大学なら、まだ若いですから、別の機会でやりなおしもきくでしょう。

しかし、大人になっても相変わらず、同じクセがあるなら……？　仕事のチャンスを逃すかもしれませんし、意外なところでは、恋愛での失敗も増えます。

「ちょっと価値観が合わないけれど、せっかく誘ってくれたんだし」「今一つわかり合えていないけれど、やっとできた彼だし」と妥協的にパートナーを選び、最終的にひどい別れ方をして、恋愛そのものが怖くなってしまう——自己評価の低い人が陥りがちなシナリオです。

もし心当たりがあるなら、自己評価を高める練習を始めましょう。

それには、すでにご存じの「自分に期待しない」が効果的です。

「逆じゃないの⁉」と言われそうですが、これが一番の処方箋です。

自己評価が低いのは、自分への期待が強すぎて、しょっちゅう自分にダメ出しをしてきたからです。

期待を解除すれば自分をフェアに見られて、適度な自信が備わり、恐れも解除され、実力に見合ったチャレンジができるようになります。

ただ、前述の通り、これは習得までに時間がかかります。

そこで、簡易な方法を一つ紹介します。「褒められた経験」を、一つでも多く思い出してみましょう。親、学校の先生、友人、同僚、先輩後輩、上司、誰から言われたことでも良いので、過去から現在まで、書き出してみましょう。

……どうでしょうか？　おそらく、素直に認められないものが大半でしょう。

「それくらいで褒められても」「まぐれだったんだけど」「買いかぶられてる」「これは見当違いだから」と、反論がたくさん出てくると思います。

お気づきでしょうか？　それこそが、低すぎる自己評価のバイアスです。

「それくらいで褒められても」は、期待値が高すぎて目が曇っている証《しるし》です。

「まぐれ」「買いかぶり」「見当違い」も同じです。そのときたしかに、相手にはそう見えたのです。相手から見て素晴らしいことを、あなたはたしかにできていたのです。

バイアスが重症だと、「気の毒だと思って大げさに褒めてくれたんだ」「慰めるつもりで美点を捏造《ねつぞう》してくれたんだ」という発想も出やすくなります。しかし、それこそが捏造なので、無視してください。


自分に対してどれくらい偏った判定を下してきたか、気づきましょう。

かつて自分で性急に却下してしまった成功体験と、もう一度向き合いましょう。

きっと、知らなかった自分の可能性が、少しずつ見えてきます。

「大きい仕事・責任ある仕事から逃げてしまう」

先ほど「自己評価が低いと仕事のチャンスを逃してしまうかも」と書きました。これはすでに、経験のある方も多いのではないかと思います。

新規プロジェクトを任される、昇進を打診される、研修の指導役を頼まれる……など「大きい仕事」のオファーを受けたとき、「私ごときにはそぐわない大役だ！」と勝手に思って、断ってしまったことがありませんか？

次に同じようなことがあれば、今度は「私なんかに務まらない」と決めつけず、落ち着いて考えてみましょう。

まず、「自分が思う自分」の印象にとらわれないこと。

相手が大役を頼んできたということは、相手は「できる」と思っているわけです。

つまり自己評価よりも、他者からの評価のほうが高いのです。

百歩ゆずって、本当に過大評価だったとしても、実は問題ありません。

現時点で実力が備わっていなくとも、「役」に成長させてもらえばいいのです。相手はたぶん、それも予測しつつオファーしてきています。

役に就いてから実力を伸ばすことは、方法さえ知っていれば必ずできます。

その方法は、すでに学んだ「スモールステップ」です。

実力が出せないのは、実力がないからではなく、怖かったり不安だったりで尻込みしてしまうからです。そこをクリアするためには、1段を小さくするのが得策です。

仕事が動き出す前の準備期間から、細かく分けるクセをつけておきましょう。

仕事の概要を予習するために資料を読むのがおっくうなときは、いきなり読もうとするのではなく、「資料をデスクに置く」「ノートを開く」「ペンを手に取る」「ノートにタイトルだけ書く」というふうに、細かいステップに分けて進めましょう。

仕事が動き出してからのイメージも描いておきましょう。

役に立つのが、「課題分析」という方法です。これは我々医師が、発達障害の子供たちに行うアプローチです。繊細な人が「怖い」と感じることを、彼らは「わからない」と感じます。ですから、繊細な人よりもさらに細かい「小分け」が必要となります。

たとえば、ボールペンを分解する、という課題があるとします。

そのとき、ただ「分解してみて」と言っても、発達障害の子供たちは困ってしまいます。「キャップを取って、ペン先側の銀色の部分を外して」でも、まだまだ段差が高すぎます。

「ボールペンを（右利きなら）左手に持つ」「右手でキャップを外す」「キャップをテーブルに置く」「右手でボールペンの先端の、銀色の部分を持つ」「それを右向きにひねる」「銀色の部分を外す」「銀色の部分をテーブルに置く」……と、これくらい細かい工程で進めるのです。そうすると彼らは、間違えずにきちんと分解できます。

「カレーを作る」というもう少し複雑なことも、同じ方法で進められます。細かく分解すると、全部で100近い工程になりますが、それを一つひとつカードにしてめくっていくと、独力で、きちんと完成にたどり着くことができます。

このやり方を参考に、「手順シナリオ」を作ってみましょう。

仕事の目的、期間ごとの目標などの「大枠」からどんどん細分化していって、「初日の、最初の1時間にはこれをする」というふうに、予定を立てるのです。

1時間刻みでも不安なタスクなら、15分刻みでも、5分刻みでも構いません。


細分化すれば、怖さは減ります。

怖さが軽減すると、どんなタスクでも無理ではない、と気づくでしょう。


細かな手順でしっかりとレールを敷けば、人間、たいていのことはできるのです。

ボールペンの分解も、カレー作りも、新規プロジェクトも……宇宙に飛ばすロケットを作ることだってできます。

「課題分析」という武器を携えて、新しい場所に打って出ましょう。

「マルチタスクが苦手で焦ってしまう」

「マルチタスク」という言葉を聞いたことがあるでしょうか。複数（マルチ）のタスクを同時並行でこなすことを指す言葉ですが、仕事の現場などでは「マルチタスクが得意／苦手」といった表現はよくされているかと思います。

繊細な人にマルチタスクが得意かと聞くと、多くの場合「仕事の同時並行は不得手」という答えが返ってきます。それは感受性が高く、目の前のことに心を奪われやすいからです。その状態で、別の業務を同時にやるのは至難の業です。

しかし実は、繊細であろうとなかろうと、誰しもマルチタスクなんてできないのです。人間の脳は、常に一つのことに注意が行くしくみになっているからです。どんなにたくさんのタスクがあっても、そのとき取り組んでいる「第一位」は常に一つ。

「言われてみれば、たしかに」と思いませんか？　どう頑張っても、同時に別の情報を取り入れることは不可能です。本を読みながらラジオを聴くのも、数行読んではラジオを聴いて、ラジオを聴いては数行読んで、と細かく切り替えているだけです。
つまり「マルチタスクが得意」という人も、実は「シングルタスクを素早く切り替えているだけ」なのです。そして不得意な人は、この切り替えが苦手なのです。

今の世の中では、それが今一つ理解されないまま「マルチタスクができる＝仕事ができる」という、大雑把なイメージが先行しています。「仕事は一つじゃないんだから、マルチタスクで進めなさい」と言ってくる上司もいると思いますが、その上司は、本来無理なことを部下に強いているとも言えます。

そう言われたら、切り替えが不得手な部下は、「マルチタスクができるようにならなくては」という、無用な焦りに駆られますが、その結果、取り組んでいる最中のタスクにまで、支障をきたすことになるでしょう。

作業中に、「あれもやらなくちゃ、そういえばあれも……」と注意が分散して、どの業務もうまくできないといった事態が起こるからです。

心当たりがあるなら、「本当は、マルチタスクなど存在しない」ということをまずは認識しましょう。そして、目の前にある一つのタスクに落ち着いて専念しましょう。「落ち着いて専念する」ためには、「目と手の協応」がキーポイントになります。

浮き足立った状態になると、視線は手元から離れてフラフラとさまよいやすくなります。脳の指令も手に届きづらくなり、ミスも増えます。そんなときは、「手元を見る！」と念じてみましょう。それだけで、分散した思考が、一点に戻ってきます。

毎日、朝か夜に5分間、「ゆっくりと字を書く」など、手と目を同時に使う日課を持つのもおすすめです。編み物が好きな方はもちろん編み物でもOKです。それが習慣化すれば、忙しい仕事のさなかでも、落ち着き方を思い出せます。

落ち着いたところで減らない複数のタスクを相手にするための解決策も、ちゃんとあります。「シングルトラック」で段取りを組めばいいのです。

また、カレーを例にします。今回はバージョンアップして、「カレーとサラダとプリン」を同時に作る場面を想定しましょう。結構難しそうですが、どうでしょうか。79ページの図4を見てください。

切り替えのうまい人は、マルチタスクならぬ「マルチトラック」で作業を進めます。「カレー」「サラダ」「プリン」という三つの走路があって、あるときはカレーのトラック、あるときはサラダのトラック、と左右に移動しながら走っていきます。

他方、切り替えが苦手な人は、左右移動がうまくできません。そこで、シングルトラックの登場です。3本のトラックを、1本にしましょう。

調理なら、自分専用のレシピメモを書きます。

マルチトラック方式では「カレー」「サラダ」「プリン」の手順を別々にメモして、それらを並行して眺めながら作業していきますが、シングルトラックは、三つの料理の手順を、時間軸に沿った「1本」の線にします。

ジャガイモを切る（カレー）↓ニンジンを切る（カレー）↓タマネギを切る（カレー）↓レタスとトマトを洗う（サラダ）↓レタスをちぎる（サラダ）↓トマトを切る（サラダ）↓それを冷蔵庫に入れる（サラダ）↓肉を切る（カレー）↓鍋で肉に火を通す（カレー）↓ジャガイモとニンジンとタマネギも入れて炒める（カレー）↓卵

図4　マルチトラックとシングルトラック

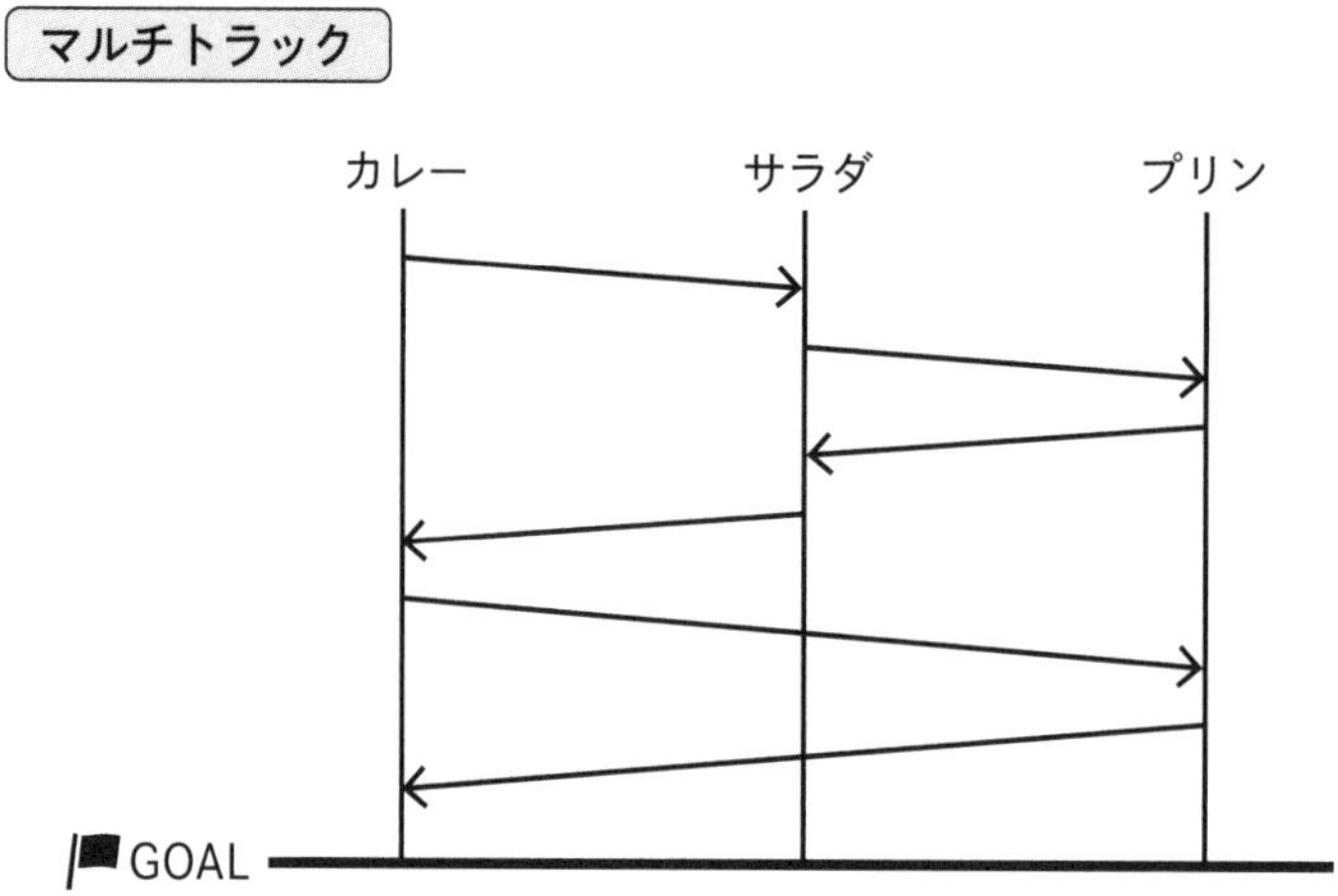

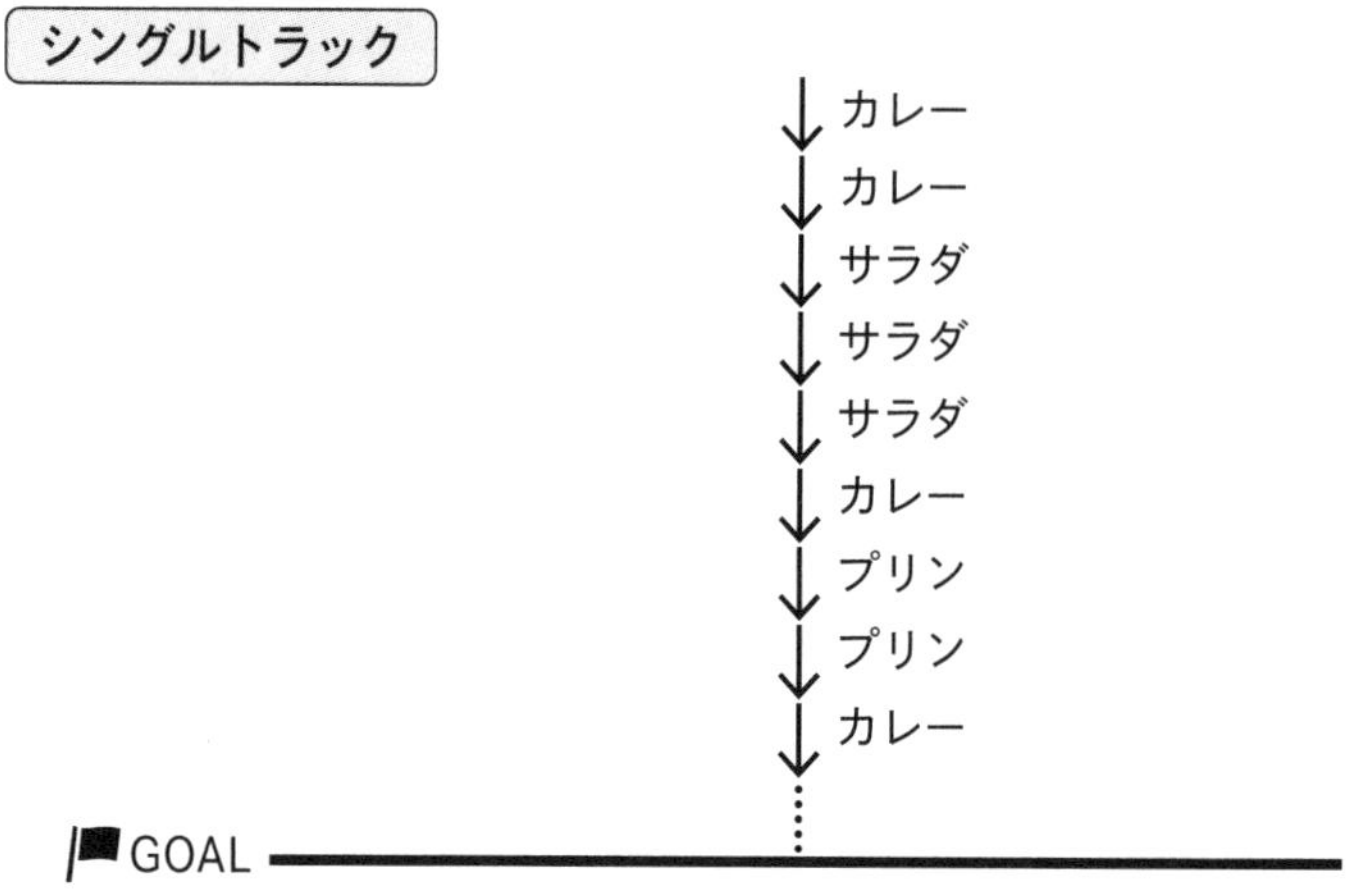

を溶く（プリン）→牛乳を加える（プリン）→……――という具合です。

作業内容自体は、マルチトラックとまったく同じです。

でも、3本で表現するのと1本で表現するのとでは、印象が大きく違いますね。

別々に書いてあると「いつ、どのタイミングで、何をやるんだっけ」と混乱しやすいですが、1本なら大丈夫。安心して、まっすぐに迷わずに走れます。

例ではカレーとサラダとプリンを作るという一大事業を挙げましたが、まずは「カレーとサラダを作る」とか「企画書作成と溜まったメールの返事をする」など、やりやすい内容でシングルトラックを引く練習をしてみてください。

慣れてくれば、3タスクでもシングルトラックに落とし込めるようになり、そしてそれを実行できるようになりますよ。

「緊張すると、情報が頭に入ってこない」

繊細な人は「自分は理解が遅い」「物覚えが悪い」と思い込むことがあります。仕事の資料やマニュアルなど、初めて見る情報をインプットするとき、スムーズに頭に入ってこなくて「ダメだなあ」と落ち込んでいませんか？

それは、理解力や記憶力が足りないせいではありません。

原因の一つは、感受性が豊かだからです。個々の情報が頭の中で響きすぎて、そこに自分の連想も加わり、雑然と混ざり合ってしまうことがあるのです。

もう一つ、さらに大きな原因となるのが、緊張です。リラックスした状態で読んだ本は、スッと頭に入ってきませんか？　反対に、「難しそうだ」などと身構えながら読んだ本は、集中できなくて投げ出してしまいませんか？

資料やマニュアルでも、同じことが起こります。マニュアルを読むということは、その仕事は初めてなわけです。つまり、緊張しやすい状況だということです。

「ちゃんと覚えないと」「早くできるようにならないと」と思いながら読むため、プレッシャーに頭を占領され、肝心の情報が入ってこないのです。

敏感でも緊張しやすくても、きちんと理解するワザは「自分マニュアル」です。もとのマニュアルを、自分用に書き直すという方法です。と言っても、内容を変えるわけではありません。自分がわかりやすい表現にアレンジする、ということです。

たとえば、ざっと駆け足で説明されている部分を、細かい手順に分けて書く。

逆に、繰り返し書かれた情報や、冗長と感じた表現はシンプルに省略する。

堅苦しい単語を、同じ意味のカジュアルな単語に替える。

文章が長くてわかりづらければ、箇条書きや図にする。

ほかにも、「自分なら、こう表現するけどな」と思ったことがあれば、どんどんアレンジしましょう。その過程で——つまり「自分マニュアル」完成前の段階で、早くも理解が深まっていくのを感じられるはずです。

この方法は、私が研修医時代に実践していたものです。病院備え付けのマニュアルがまったく頭に入らず、苦し紛れに始めたことでしたが、予想以上の大当たりでした。

この症状の患者さんにはこう対応する、この薬を処方する、などの情報を自分の書き方で手帳に記し、白衣のポケットに常備。困ったときはすぐに取り出して確認できるので、非常に安心でした。そしてやはり、書く過程で理解が深まる効果を感じました。仕事を早期に覚え、習熟できたのは、ひとえに自分マニュアルのおかげです。

「自分の手で書く」作業は、自分の外側にある情報を、自分に引き寄せることだと言えます。情報を自分の頭で再構築する作業は、72ページに出てきた「課題分析」のトレーニングとしても最適です。初対面の相手と距離を縮め、親しくなるプロセスとも似ています。「人見知り」ならぬ「情報見知り」の特効薬とも言えるでしょう。

自分マニュアルは、仕事以外にも活用できます。わかりづらいと感じるものすべてに応用してみましょう。凝った料理のレシピ、煩雑な説明書、複雑な新聞記事、教科書、参考書などなど、「難しそうなものはとりあえず書く」習慣を。

少し目先の変わったところでは、「旅のガイドブック」を自分流にマニュアル化するという活用法もあります。繊細な人は「未知」に警戒心を抱きやすく、「旅してみたいけれど、おっくうで行けない」場所が多くなりがちですね。

観光用のパンフレットや市販の書籍は、人によっては情報が多すぎたり、やたらとテンションが高かったり、デザインが賑やかすぎたりして、今一つ頭に入ってこないこともあります。ならば、ガイドブックを自作してしまうのが吉です。

自作といっても、大掛かりにする必要はありません。見たい場所のみをピックアップした簡易メモを書くだけでも、情報量が絞り込まれて、イメージが明確になります。

方向感覚に自信のない人は、旅程の交通手段のみをひたすら書き出すのも良い方法です。知らない街では、駅が意外に複雑だったり、乗り換えが難しかったりして慌てることがよくあります。グーグルマップなどで得た情報を、自分用に組み直しておくと安心です。

そうした作業が好きならば、大掛かりになっても、もちろん構いません。絵が好きな方なら、「書く」ではなく「描く」のもおすすめです。旅行中はもちろん、旅の後も、その街の記憶がよみがえる思い出の一作となるでしょう。

「天気が悪いだけでやる気がしぼむ」

天気が悪いと不調になる人がいます。鉛色の曇天や湿った空気のせいで憂鬱になるだけではなく、本当に身体の具合が悪くなり、動けなくなります。頭痛やめまい、肩こり、だるさなど、症状はさまざま。「天気痛」という名前もついていて、気圧の変化によって起こるものとされています。

従って、「雨が降ったくらいで動けないなんて、やる気がなさすぎる」という批判はお門違いです。もちろん、自分でそう思うのも無用な自責です。

寒さにとても弱い人もいます。冬場に「うつ」の人が増えるのは、精神科医ならば皆、実感しています。うつとまでは行かなくとも、「寒くて動きたくない」と訴える患者さんも多数います。これも天気痛と同様、やる気や根性の問題ではありません。身体のトラブルとして、適切に対処する必要があります。

憂鬱感や倦怠感を軽くする方法は、意外に簡単です。憂鬱感や倦怠感があるときは、体内温度が下がっています。ですから、身体を温めればいいのです。

体内温度が上がると、「エンドルフィン」という神経伝達物質が分泌されます。エンドルフィンは、ドーパミン・セロトニン・オキシトシンなどとともに「幸せホルモン」と呼ばれ、痛みを抑えたり、気持ちを満たしたり、上向きにしたりする作用をもたらします。温める方法としては、世間的には「半身浴」がポピュラーですね。

ぬるめのお湯にゆっくり半身を沈めてリラックス、という方法です。個人的には「半身」「ぬるめ」にこだわらなくて良い、と思います。普通に40度強のお湯を張って入浴しても、温まる効果は同じです。

もっと簡単な、「イチ押し」の温め方は、使い捨てカイロを貼ることです。ポイントは、貼る場所です。巷《ちまた》の健康情報ではよく「お腹に貼れ」と言われていますが、これはおすすめしません。皮下脂肪が厚く、熱が伝わりにくいからです。

おすすめの位置は、背中の下のほう。骨盤の上あたりに、服越しに貼りましょう。この場所のすぐ下には、大動脈が走っています。温まった血液が素早く全身を巡り、効率的に体温を上げてくれます。エンドルフィンが出て気分が上がるだけでなく、全身の血流が良くなって内臓の機能も改善され、脳も活性化します。もちろん、冷え症にも効きます。冬に限らず、夏でも冷えたら貼りましょう。

こうした対症療法に対して、気圧に左右されにくい体質をじっくり作っていくアプローチもあります。気圧の影響を受けやすい人は、漢方医学で言う「水毒」の傾向が見られます。身体に水分が滞留しやすい、つまり「むくみやすい」体質です。

水毒かどうかを見分けるには、舌を見るのが一番です。舌の左右の縁が、デコボコと波打っていませんか？　これは「歯圧痕」といって、むくんだ舌に歯の痕がついた状態です。

兆候があれば、身体の水はけを良くする＝「デトックス」を意識しましょう。

一番効くのは、リンパマッサージを受けることです。私もやや水毒傾向があるので、定期的に通っています。施術後は、顔がひとまわり小さくなり、肌も心なしか白くなっていて、毒素が抜けたのを感じられます。

自分で手軽にできるむくみ対策としては、頭皮マッサージがおすすめです。専用のゴム製のブラシを使うのも良いですし、「かっさ」も効果的です。むくみがあると、頭皮は固くなります。凝りを感じるところを、丁寧にほぐしましょう。

「緊張する→疲れる」を繰り返している

天気が良くても、年中「だるさ」を感じる人もいます。HSPの方々の倦怠感の原因はさまざまです。周囲の人に気を遣いすぎた、感情が動きすぎた、取り込んだ情報が多すぎた、騒々しい場所にいた……など、さまざまな理由によって、「緊張する⇕疲れてだるくなる」が交互に繰り返されている、ということです。

そんなときも、身体へのアプローチが効きます。シンプルに「歩数」を増やすのが一番安全で、デトックス効果も大です。散歩をしたり階段を使う、などで十分です。

もう一つ、毎日の習慣にしていただきたいのが「ストレッチ」です。

緊張がほぐれ、だるさが取れるのはもちろん、夜、神経が立って「疲れているのに眠れない」ときにもぴったりです。ここでは、「寝る前5分」でできるストレッチを3種、紹介しましょう。

いずれも、回数や秒数といった細かいルールは設けません。三つを続けて行い、トータルでおおよそ5分になればOKです。大雑把にいきましょう。

〈肩甲骨まわりのストレッチ〉

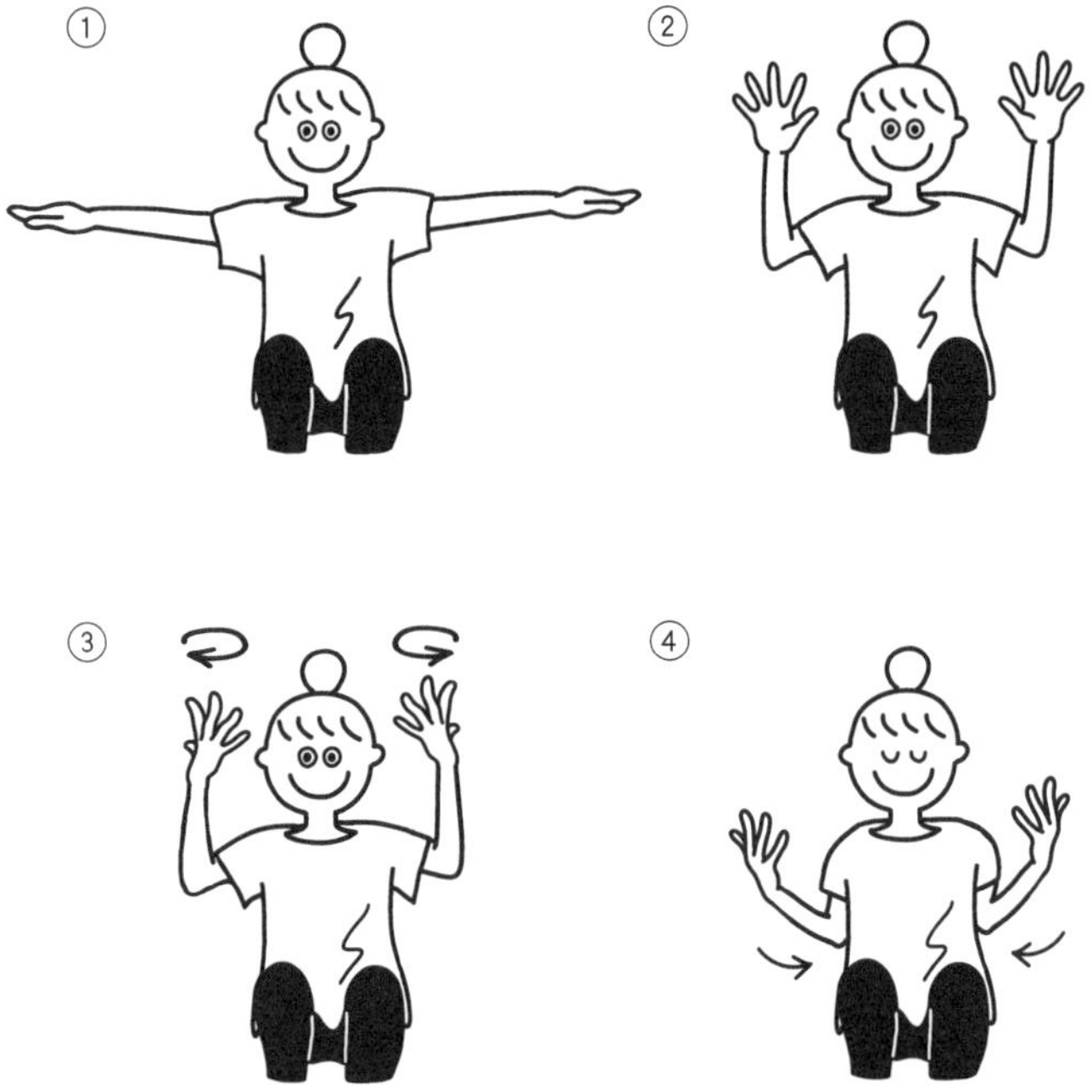

①両腕を真横に広げる

②肘を90度に曲げ、指先は上に（手のひらは前に向いた状態）

③手のひらを内回りに、できるだけ反転させる

④手のひらを返してねじりを加えた状態で両肘を胴体につけると、肩甲骨の間がギューッと絞られ、固まった肩・首まわりがじんわりほぐれます

〈股関節まわりのストレッチ〉

①椅子に座り、右足を左足のももに乗せる

②手で右足の膝をゆっくりと下に押す

③左右を交替して、同様に繰り返す

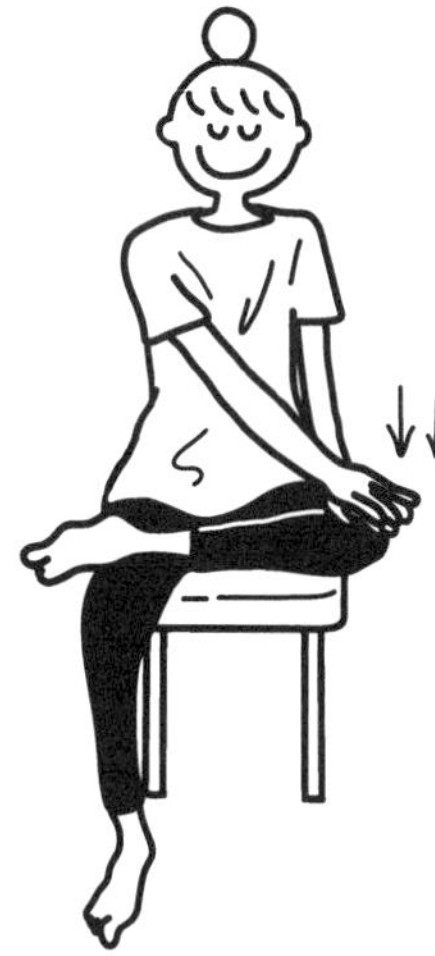

※乗せているほうの足の膝から下が、床と平行になるくらいまで押し下げます。背筋はしっかり伸ばし、上半身が左右に傾かないよう注意！

〈全身のストレッチ〉

①短距離走の「クラウチングスタート」の要領で立て膝をつく

②イラスト（上）のように、立てたほうの足はできるだけ前方へ、後ろのほうの足は伸ばす

③イラスト（下）のように、身体をひねり、後ろ足の「もも裏」に、伸ばした足と逆側の手を外側から引っ掛ける

④前方の足と後ろ足を交替して、同様に繰り返す

※身体をひねることで、全身の筋肉に効くストレッチ。③のポーズを数秒キープして、じんわり伸ばしましょう！

人との「差」に敏感すぎる

「あの人と比べて、自分は……」と考えるのは、HSPの方々ならずとも、よくあることです。容姿、頭のよさ、学歴、家柄、有能さ、モテ度、人脈、経済力、地位などなど、世の中にはいくつもの比較軸があります。近年、SNSが発達して以降は「オシャレ度」や「生活充実度」なども、強い比較軸となっています。

そうした中で、人はしょっちゅう、優越感や劣等感に一喜一憂します。

繊細な人の場合、劣等感を覚えることのほうが多いかもしれません。自分に厳しいと欠点を気にしやすく、「あの人より、私は劣っている」という思いを起こさせます。

それだけでも十分ストレスなのに、さらにもう一つ、繊細な人が気にするポイントがあります。比較する自分自身に対して、「私はなんてひがみっぽいんだろう」と、ダメ出しをするのです。しかしここは、きっちりと切り分けましょう。

比較そのものは、別に悪いことではありません。人を見て、自分を見れば、比較は自動的に発生するもの。それを我慢するのは不自然ですし、不可能です。

問題は、その比較に、優劣という「色」をつけてしまうことです。

序章で「人のタイプ分け」について解説した際、それぞれの個性に良し悪しの差はない、とお話ししましたね。そこにあるのは差ではなく、「違い」だけだと。

「成功しているか否か」という比較軸でさえ、究極的には、優劣はありません。

皆がそれぞれの社会的立場で、自分の役割を果たしています。全員がスターだったり、社長だったり、大学教授だったりするような社会は、社会として成り立ちません。

ちなみに今「大学教授」と言ったのは、昔、母からよく「もっと出世して教授になりなさい！」と言われていたからです。

厳しめの親御さんを持つ方は、似た経験をお持ちかもしれませんね。「大企業に入って出世しなさい」もしくは「大企業で出世している人と結婚しなさい」と言われて、なんとなくそれが「成功」だと思い込んだり。そして、大人になってから、それが「ひと昔前」の価値観であることも、徐々に知っていったはずです。

成功の基準は、時代によって移ろうだけでなく、人によっても違います。「三つのタイプ分け」でもそうでしたね。タイプごとに、成功とは「人格を高めること」「結果を出すこと」「権威を高めること」という、まるで違う基準がありました。

そう考えると、劣等感に駆られるのは、とても損なことです。

自分とは違う人に、こちらの物差しを当てて勝手に差を感じ、羨んだり、嫉妬したり。そんなことにエネルギーと時間を費やすのは、もうストップしましょう。


ついでにもう一つ、劣等感から抜け出す手がかりをお伝えします。

人は、多面体です。「きれいな人」「賢い人」という一面だけの人など、一人もいません。数えきれないほどの面が組み合わさって、その人の人格を形成しています。

「差」を感じて落ち込むのは、自分という多面体と、相手という多面体の「一面」だけをわざわざ取り出して比べるという、ひどく偏ったことなのです。ですから、相手をひがむくらいなら、相手を「知る」ほうがずっと生産的です。その人にはまだまだ、隠れた面がたくさんあります。それを探って、新しい一面を見つけて、いちいち「ジャッジ」せず——自分との優劣など考えず、そのまま受け止めていきましょう。

「悪いイメージばかりが膨らんで勇気が出ない」

HSPの方々は想像力が豊かです。この素晴らしい資質を、多くの人が損な方向に使っています。つまり、ネガティブなイメージばかり膨らませる傾向があるのです。

「私のことだ」と思った方、思い出してみてください。

子供のころの空想は、ネガティブなものばかりでしたか？　そんなことはなかったはずです。昔は良いことにも悪いことにも、両方広がっていたはず。なのに今はなぜ、片方に偏ってしまっているのでしょうか？

それは、大人になる過程で、傷つく経験がちょっと多かったせいだと思われます。ほかの人なら「ちょっとした失敗」で済むことを大惨事のように捉えることが重なった結果、今でも「失敗しそう」「できない」「笑われる」「大変なことになる」と思ってしまうのです。そんなときのイメージは、妙にディテールまで鮮明な、悪い意味で「手の込んだ」ものではないでしょうか。

悪すぎる想像は、それ自体がストレスになります。まだ起こっていないことを、起こるのではないかと思うだけで早くも苦しむ、言わば「あらかじめストレス」です。

これを減らすには、どうすれば良いでしょうか。長期的には「自分に期待しない」が一番大事ですが、即効性の高いテクニックもあったほうが良いですよね。

そこでおすすめなのが、豊かな想像力を逆手に取る方法です。

勇気を出して何か行動しないといけないときは、「別の人間」になりましょう。

昔は、空想でしょっちゅう別の人間になって異空間に飛んでいたはずですから、きっと、すぐにできます。鮮明なイメージにするなら、実在のスターやアスリートや、フィクションのヒーローになりきるのが手っ取り早いでしょう。

私も昔、その方法を使って「バンジージャンプ」を飛んだことがあります。発端は、ある勉強会の研修です。なぜかそのプログラムでバンジーを体験する羽目になり、どうにかこうにか飛んだものの、怖さのあまり腰が砕けて、不格好なジャンプになってしまいました。

どうにも悔いが残ったので、次はプライベートで、友人たちと再挑戦。そのとき頭に描いたのは、『スコーピオン・キング』という映画で、主役のドウェイン・ジョンソンが、高い場所から颯爽と飛び降りるシーンでした。そこで、「今、自分はドウェイン・ジョンソンだ！」と思って飛んだところ……見事に着地を決められました。

子供だましのようですが、勇気を出したいときに、憧れている人物の理想的な姿を思い描き、そのままなぞるのはとても効果的です。

実在の人物だとピンと来ないなら、自分の中だけの、架空のキャラクターを作りましょう。こちらは私が編み出したやり方ではなく、作家兼経営コンサルタントの神田昌典さんが、ご著書でおっしゃっていたことです。その本を読んで、私も研修医時代にはよく、架空のキャラクターに（心の中で）変身していました。

当時から私は、人一倍「治ってほしい」という思いの強い医師でした。その「治る」イメージは、単に、元に戻るということではありません。患者さんたちの中には、入退院を繰り返す方が少なからずいます。いったん回復しても、またすぐに不調に陥る、ということが精神科には珍しくないのです。それではダメだ、と私は思いました。入院前よりも良い状態になってほしい、そもそものストレス耐性をもっと上げたい、と願っていました。

元に戻すのではなく、「作る」医療をする。つまり私の医療は、アートだ。

私は「スーパーアーティスティックドクター」なのだ――！

……こうして文にしてみて、今、非常に面映《おもは》ゆいです。

当時はもちろん、人にこんなことは言いませんでしたから、スーパーアーティスティックドクターは、自分の中だけの内緒の存在でした。でも、最高のヒーローであり、導き手でした。患者さんの状態が悪いとき、合った治療が見つからないとき、試した方法がどれもうまくいかないとき、疲れ果てたとき、あきらめかけたとき……。

「スーパーアーティスティックドクターなら、ここでどう言う？」

「スーパーアーティスティックドクターは、ここで妥協するか？」

「スーパーアーティスティックドクターが、ここであきらめたりするか？」

と、いつも考えました。結果、多くの難局を、これで乗り切りました。

皆さんも心の中に、「もう一人の自分」を持ってみてください。

内緒の存在ですから、誰にもわかりません。

どんなに大風呂敷を広げたって、誰にも「イタい」なんて言われません。

とびきりの理想を、こっそり心に住まわせてください。

そして、勇気が必要なときがきたら、変身してみてください。

得意な想像の力で自分自身を助け、大きく羽ばたきましょう。

「イヤなことを引きずりがち」

ネガティブな想像力と同じくらい厄介なのが、「ネガティブな記憶力」です。思い出すイヤな内容は、「ネガティブな想像」と同じく、やたらと鮮やかで、細かいところまで凝っています。「凝っている」と言ったのは、本人の記憶の中で、より悲惨さがパワーアップされているからです。

皆さんの頭の中にも、傷ついた経験の記録が、頭のそこここに散らばっていないでしょうか。その1コマがフッとよみがえり、頭を抱えたくなることはありませんか？ 繊細な方々の、こうした「良すぎる記憶力」の原因はどこにあるのでしょうか。

自閉傾向のある人々の中には、極端に正確で細密な記憶力を持つ人がいます。米国の動物学者で、コロラド州立大学教授のテンプル・グランディンは、世界で最初に、自閉症当事者として自叙伝を書いた人です。そこで語られているのは、記憶が「混ざらない」という特質です。

彼女は動物学者でありながら、「犬」という概念を長いこと理解できませんでした。それでいて、これまでに見た何千匹もの「犬と名のつく動物」は、すべて正確に記憶しています。つまり彼女は、個々の犬は完璧に記憶するのに、それらの共通項を抜き出して、「四本足で、鼻が濡れていて、ワンワンと鳴く動物」という、ひとまとめの概念にすることができなかったのです。彼女の中で、その何千匹は個別に分離し、決して混ざり合うことはありません。

私はHSPの方と話をして、その記憶の「消えなさ・鮮やかさ」を感じるたびに、この特質を連想します。グランディンのような特異なものではないにせよ、HSPの人が持つ記憶も、一個一個がくっきり一回性を持っていて、「だいたいこんな経験でした」というふうに、まとめるのが難しいような気がするかと思います。しかし難しくとも、「不可能」ではありません。おすすめの方法は「名前をつける」ことです。

ふとイヤな記憶がよみがえってきたら、それに適当な名前をつけましょう。

ネガティブな意味合いを「持たない」言葉にするのがコツです。内容とかけ離れた、ほとんど意味のない擬音のようなもので構いません。ゼロから造語しても、もちろん

ＯＫです。「ピヨピヨ」でも「テロテロ」でも構いません。
不思議なことに、名前がつくと「こういうもの」というふうに、まとまりがつくのです。際限なくイメージが繰り返される状態も、徐々に抑えられるでしょう。それが、「気持ちに整理がついた」ということです。

少し脱線しますが、造語は、ほかの場面でも役立てられます。モヤモヤと「わけのわからない感情」がわいてきたときです。繊細な人は感じやすいうえに、感情のバリエーションも豊かで、その感情に該当する言葉がないこともあります。そうして「わけがわからない」状態のまま、その感情に呑《の》み込まれるのです。

ですから、「あ、またこの気分だ」となったら、自分だけの名前をつけましょう。
名前がつくと、ひとまず頭の中に「置き場所」ができて、気持ちが落ち着きます。
「またピロピロしたな」みたいな非常に適当なものでＯＫです。

話を戻し、もう一つ、ネガティブな記憶の対処法をお伝えしましょう。
繊細な人のネガティブな記憶は鮮やかだと言いましたが、誰であっても、否定的な記憶は「目の前に、迫るように出てくる」という特徴を持っています。逆に、良い思い出は、遠くにふんわりと浮かぶような感じで思い出されることが多いのです。

悪い記憶には、遠くにふんわり……なんかではなく、見えないくらいはるか彼方に行ってほしいですね。そこでやるべきは、「ロングショットにする」という方法です。

映画やドラマで、人物を映していたカメラがどんどん引いて行き、人が豆粒のようになっていくシーンがありますね。上から映した街の姿が、ぐんぐんロングショットになり、小さく小さくなっていくのも観たことがあると思います。

目の前に現れたイヤな記憶にも、同じことをしましょう。テレビ画面か映画のスクリーンだと想定して、その画面がビューッとどこまでも小さくなっていくイメージをしましょう。どんどん小さくなって、日本地図になって、街も見えなくなりますね。

そうして、悪い思い出を小さくしましょう。いくつあっても大丈夫です。一つひとつに試せば、一つひとつ沈静化していきます。そのうち、「記憶がよみがえってくるクセ」が「ロングショットにするクセ」に置き換わります。続けてみてください。

「人のイライラに持っていかれる」

感じやすい人は、人の感情にも敏感です。そばにイライラしている人がいたら、そのイライラが伝わってきて、落ち着かない気持ちになります。しかしイライラしている人は、こちらの事情など考えてくれません。デスクに書類をピシャンと置いたり、ドアをバタンと閉めたり、舌打ちをしたり、大きなため息をついたり。

地味ですが、「貧乏ゆすり」もなかなか耐え難いものがありますね。単発でダメージを与えてくるものとは逆に、こちらはカタカタカタカタ……と何分も継続します。激しい貧乏ゆすりの場合、振動までこちらに伝わってきて、本当に迷惑千万です。

これらの「他人のイライラしぐさ」には、どう対処すべきでしょうか。

一番良いのはもちろん、その場を離れることです。その相手を視界から外せば、不安感や恐怖感も、ほどなく収まります。会議中など、離席しづらい状況でも、手はあります。私が研修医時代によく使ったのは、「院内ポケットベル」。

近くの席に座った人の貧乏ゆすりがひどすぎて、もうこれ以上は無理だ……と思ったとき、院内ポケットベルをいったんオフにして、もう一度スイッチを入れていました。そうすると、呼び出しがあったときと同じ「ピピッ」という音が鳴ります。これで、さも急用ができたかのような顔で、退散することができました。

スマホ使用が許されるシーンなら、スマホのバイブを鳴らすなどして、うまくその場を離れましょう。

どうしても離れられない状況ならば、「メタ認知」で乗り切りましょう。イライラしている人と、それを見ている自分の状態を、客観的に認識しなおすということです。「怖い」「イヤだ」という思いの外側に一歩出て、冷静に分析してみるのです。

たとえば、「この人、ストレス溜まってるんだな～」と分析する。

実際、貧乏ゆすりというしぐさは、無意識のストレス対処です。その人は、抱えているストレスを紛らわすために、足を震わせる動作によって、身体に別の刺激を入れようとしているわけです。

これは、イライラに「理由付けをした」ということでもあります。イライラしているのは、ストレスを抱えているせいである、と理由を明らかにすると、不思議と気持ちは落ち着くものです。

気持ちが落ち着いたら、あとは「高みの見物」モードになれます。「ああ、期末で残業続きなのかな、気の毒に」と、他人事ながら少し同情できるくらいの余裕も出てくるかもしれません。

メタ認知は、自分に対してもできます。パニック発作の患者さんに対する「認知療法」として、医師はよく、発作中の自分を観察するよう指導します。パニック発作は、発生から鎮静化まで、一連の流れがあります。患者さんが発作を起こしたときは当然「苦しい」わけですが、そこから一歩外に出て、「今、一連の流れの中のどの地点？」と、客観視すると、実際に、収まりが早くなるのです。

これと同じように、自分の状態も観察しましょう。「今、怖い『と感じている』な」というふうに、客観的に見てみましょう。「今、相手を観察中」「今、怖さが少し減ってきた」といった具合で、変化を感じられ、次第により早くストレスを緩和できるようになるでしょう。

「究極の損」を、今から回避しよう

引っ込み思案も、知らない場所が不安なのも、難しい話がスッと頭に入ってこないのも、自らの可能性の芽を摘んでしまうのも、緊張のせいです。緊張は人生のジャマをします。逆に言うと、人生がうまくいく秘訣は「リラックス」です。

人は、能力を全開で発揮しているとき、リラックスしています。

アスリートがすごいプレーをするときに、「ゾーンに入る」という言い方がありますね。そのとき、その人の自律神経は、リラックスモードの「副交感神経優位」になっています。勉強でも仕事でも、リラックスこそが、実力を発揮する秘訣です。

実力と言えば、「ここ一番でアガってしまって、実力が出せない問題」を抱える方々に、良い方法があります。どこでもできてすぐに効く、「漸進的《ぜんしん》筋弛緩法」です。

名前は難しいですが、要は「いったん力を入れてから、力を抜く」だけ。

これで身体の緊張がほぐれ、気持ちもリラックスします。

①右手でこぶしを作り、ゆっくり力を入れていく
②限界まで筋肉を緊張させたら、一気にスッと力を抜く
③左手で同じことをする。①〜③を数回繰り返す

1分足らずで、すぐにできます。足や肩でもやるといいですよ。

人前に立つときなどに、ぜひ役立ててください。この章で紹介した方法を含め、リラックスできる方法を知っていれば、大げささでなく、人生が変わります。

先ほど話したように「実力が発揮できるから」……だけではありません。緊張し通しで、心をゆるめられない人の「究極の損」は、何だと思いますか？　それは、老後です。皆さんは、高齢者になったときの自分を想像したことがありますか？

現時点で、皆さんのほとんどは、「穏やかな人」だと思います。

周囲の人や事柄に細やかに心を寄せる、やさしい人だと思います。

むやみに騒いだり、怒鳴ったり、争ったりすることも苦手でしょう。

しかしこの先も、ずっとそうでしょうか？

感じやすい心を持っていて、かつ穏やかであるということは、「黙って耐えていることがたくさんある」、つまり緊張がある可能性を意味します。

その緊張をこまめに取り除いたり、そもそも緊張しないメンタルを育てたり、といった対処をせずに、このまま時を過ごしていくと、どうなるでしょうか？　年齢を重ねて自制心が利かなくなったとき、傷つきやすい内面は、どのように表出すると思いますか……？

もしかすると、頑固さや、気難しさや、ワガママさや、ときに「キレやすさ」として出てこないとも限らないのです。世の中には、そんな高齢者の方がたくさんいます。感情の起伏が激しく、言わなくても察しろと周囲に求め、それでいて気を遣われると「腫れ物に触るような扱いを受けた」と逆に傷つき、人を遠ざけ、どんどん孤独になっていく……そうした余生は、ちょっと寂しいですよね。

生来のやさしさを、自分にも向けましょう。

自分への厳しさはほどほどにして、心をゆるめる術を身につけましょう。
これからの人生のために、ぜひ今日から、始めてください。

Column

繊細な人が
ペットを飼うなら

動物好きな人なら、ペットに癒やされる生活に憧れているかもしれません。これからペットを飼いたい方は、どんな動物にしたいですか？

HSPの方におすすめのペットのキーワードは、「マイペース」です。その動物が本人（？）の世界を持っていて、そこでのんびり過ごしているほうが、飼い主はラク。気を遣わなくていいからです。

その点、犬はマイペースな動物ではありません。飼い主の様子を見て気を遣ったり、逆にワガママになったりと、人どうしの関係に近い部分が出てくることもあります。犬好きの人なら別ですが、初心者には意外と難しいので気を付けましょう。

猫はHSPの人と好相性です。構ってほしいときだけちょっかいを出してくる程度なので、飼い主もマイペースでいられます。

意外なところでは、好き嫌いはあるでしょうが、爬虫類もおすすめです。亀、トカゲ、イグアナなど。

私もイグアナを飼っていますが、彼らは無心に、自分の世界を生きています。その様子を見ていると、こちらもゆったりします。ちょっと飼育の手間はかかりますが、見た目さえ苦手でなければ、検討してみても良いのではないでしょうか。

第2章

「人間関係の悩み」をショートカット

人は皆、人間関係に悩みます。繊細な人は、とくにそうです。

それは、敏感さゆえに、人の気持ちを察しすぎるから。

人の表情や、ちょっとしたひとことから多くを読み取り、振り回されるから。

やさしさゆえに、人を傷つけないよう、気を遣いすぎるから。

——と、一般的にはされていますよね。


もちろん、それが間違いだとは言いません。HSPの方々が、人の心の動きに敏感に気づき、反応することは確かです。

では、なぜ反応するのでしょうか？

振り回されたり、気を遣いすぎたりする理由は、何だと思いますか？

やさしいから？　共感度が高いから？


普段、無意識にしていることですが、よくよく考えてみると、人の気持ちを考えすぎるのは、100%「やさしさ」だけが理由ではないはず。

本当は、その気持ちの何割かには「嫌われたくない」「もっと好かれたい」「トラブルが面倒」という思いが――つまり相手のためではなく、自分のための気持ちがあるはずです。つまり、人間関係の悩みというのは、「利他100％」では起こり得ないのです。

それは決して「美しくないこと」ではありません。嫌われたくない、愛されたい、大切にされたいという思いは、人としてごく自然な感情だからです。

そうした「生身の気持ち」を認めることが、まずは第一歩です。

この章では、もしかすると、皆さんの「認めたくない本音」に踏み込んだアドバイスも少しばかり出てくるかもしれません。

しかしそれは、感情と適正距離で付き合うための、大事なプロセスです。

人に振り回されず、人のことを思いつつ「自分のことも大切にして生きる」ための最適なバランスを、ぜひ見つけてください。

「嫌われるのがイヤ」

最初のテーマは、「人に嫌われたくない」です。まさに「本音」の話ですが、まずは、その本音をコーティングしている「建前」から見てみましょう。

皆さんは、「贈り物」の類いに、頭を悩ませたことはありませんか？

たとえば、年賀状や暑中見舞い、贈答品、誕生日プレゼント。「もらったのに返していない、どうしよう」「送ったのにお礼が来ない、どうしてだろう」などと、気を揉《も》んでいませんか？　もっと身近なことで言えば、ラインの返信もそうです。

「既読したら早く返さないと」「未読の時間が長くてイライラしたかな」といった気遣いは序の口で、「あなたも早く返信してこい、って言ってるみたいかな」と、さらなる気遣いをする人もいます。

返したら返したで、「また返信が来たらすぐ返さなきゃ」と思ったり、「今のコメントは重たかったかな、もっと軽いノリでよかったのかな」「サラッと流しすぎ、って思われたかな」と、送ったあとで内容を後悔することもあるかもしれません。

さて、これらの気遣いも、相手だけではなく、実は自分を気にしている面があることに、お気づきでしょうか。

年賀状を返さないと悪く思われるかもしれない。ラインの返信が遅いと怒らせるかもしれない、早すぎたら「重い人」と思われるかもしれない。コメントが相手の意に沿わないものだと「気が利かない人」と思われてしまうかもしれない……。

気遣いの裏側にはえてして「嫌われたくない」という本音が隠れています。「イヤなことを言うなぁ」と思われたかもしれませんね。でも、もう少しだけお付き合いください。この指摘は、最終的には、皆さんがラクになるためのものですから！

人に嫌われたり、人を怒らせたり、人からバカにされたりするのはイヤなものです。できれば、誰からもそんなふうに思われたくないですね。誰からも……つまり、「全員に好かれる」のが理想だということです。しかしそれは、残念ながら不可能です。

古今東西、どんな人格者でも、天才でも、美男美女でも、すべての人から愛された人は存在しません。そもそも人間は、他者の短所を嫌うとは限りません。長所に対しても、誰かが必ず、何かしら文句をつけます。清廉で高潔なら「堅苦しい」とか、誠実でやさしいと「いい子ぶってる」とか、身なりがきちんとしていると「隙がなさすぎる」とか、イケメンだと「ナルシスト」だとか、美人だと「冷たそう」とか、チャーミングだと「あざとい」とか……。

そして、非の打ちどころのない完璧な人（が存在するかどうかわかりませんが）に対しては「完璧すぎてつまらない」と、どこかで誰かが、絶対に言います。

「どうすりゃいいの」と思いますが、どうしようもないのです。

「そういうもの」なのです。

そう考えると、「人って、しょうがないなぁ（笑）」という気持ちになりませんか？

皆さんに持っていただきたいのは、この「（笑）」の感覚です。

嫌われたくない、好かれたい、というのは、「期待している」状態です。

期待があると、それが外れたとき落胆し、傷つきますね。

期待と落胆の間を振り子のように揺れているとき、気持ちはシリアスになります。

対して、「しょうがないなぁ（笑）」は、そこから一歩、外に出た感覚です。

「どうしたって、何かしら文句をつけるんだから、もう知らない（笑）」
「いちいち、付き合っちゃいられないよ（笑）」
と、少し距離を取った「（笑）」が出たとき、期待は良い具合に「オフ」になるのです。どうでしょうか、できそうですか？

「人間全般で考えると、できるかも。でも、実際に自分が嫌われたら、そんなふうに笑えない」と感じるかもしれません。それは「誰から」嫌われたときを想定しているでしょうか？　嫌われたら本当に悲しい相手も、たしかにいるでしょう。

でも、嫌われてもさほどダメージのない相手もいるのではないでしょうか。その人たちを気にしなければつらさは半減、事によると8割減になるかもしれません。

「全員から好かれるのは不可能」だと言いましたが、皆さんもまた、周りの人全員を好きになることは不可能ですよね。嫌いな人や、苦手な人が、必ずいるはずです。
そういうわけで、次は「あなたが人に抱くネガティブ感情」に焦点を当てて、「本音」を掘り下げてみましょう。

「人を嫌うのも苦手」

繊細な人が完璧主義になりやすいことは、すでにお話しした通りです。

「理想の自分」と違う自分にダメ出しをするクセは、他者に対する自分の感情に関しても出てきます。人にネガティブな感情を抱くと、居心地が悪くなったりします。

一方で、完璧主義がもたらす、もう一つのクセがあります。

トータルリジェクション、訳すと「全拒否」。ほんの少しのきっかけで、人を完全にシャットアウトするクセです。

たとえば、一度「ひどいことをされた」と思ったら、もうその人物を受け付けられなくなる。素晴らしい人だ、と思っていた相手にちょっとイヤな面が見えたら、好意がスッと消滅してしまう。そんなふうに、一度のことで、少しのことで、これまでの関わりをゼロにしたくなった、ゼロにした、という経験はありませんか？

完璧主義の人は、「こんな人だと思わなかった」「もう友達ではない」と、一緒に入っていたコミュニティまで何も言わずに辞めてしまう、といった極端な行動をとりがちです。そこまではしなくとも、「もうダメ！」「顔も見たくない！」という気持ちになったり。

繊細な人は純粋でもあるので、トータルリジェクション的な気持ちに駆られることも割にあると思います。つまり、一種の「許し下手」なのです。

素敵な人の中にもイヤな面があって当たり前ですし、尊敬すべき人の中にずるい面があっても当たり前なのですが、純粋すぎるとそれを許せないのです。

そのようにして、完璧主義が強いと、「人を嫌いたくない」という気持ちと「トータルリジェクション」というクセを併せ持つことになるわけです。

人を嫌いになりたくないのに、割としばしば人を許せなくなる、ということです。

……なかなかに厄介だと思いませんか？

でも、もしそれで苦労しているなら、その性質は変えることはできます。

「期待しない」が出てくることは、もうお察しですね。

ほんの一つの欠点も許せないほどの、相手への高すぎる期待をオフにする。

自分は人を嫌いになんかならない、という自分への過剰な期待をオフにする。

そうして、完璧主義を体質改善していく。これで全面解決です。唯一の難点は、「期待しない」の習得（↓22ページ）に時間がかかることです。なので、並行して、対処法も知っておきましょう。

方法は、嫌いな人を「ほどほどに避ける」です。100でもゼロでもなく、中間です。「嫌うのがイヤ」は100に向かおうとするわけですが、それはストレスの多い時間を増やし、エネルギーを削ります。「私は人を嫌ったりしないんだ」と自分に言い聞かせつつ、苦手な相手とコミュニケーションをとるのは、わざわざ自らを消耗させるようなものです。

自分のメンタルのために、距離を取りましょう。適正距離は、「義務の範囲内」です。

嫌いな相手が上司なら、仕事上の会話はしないわけにはいきません。しかし、その上司がいる飲み会に参加する必要はありません。行かなくて良いというより、行くべきではありません。適正距離を保つレッスンだと思って、参加を控えましょう。

対して、トータルリジェクションはゼロに向かおうとする力です。これはこれで、人間関係の幅を狭めるうえに、ものの見方を一段と潔癖に、悪く言えば狭く、偏ったものにしてしまう恐れがあります。「二度と会わない」などの激しい反応をすると、相手だけでなく、周囲の人々にもなんとなく気まずい思いをさせてしまいます。

従って、ここも適正距離が必要。「絶縁しない程度の疎遠」が良い距離感です。

「あなたとはもう会わない」なんて大仰な宣言は必要ありません。会う回数や話す回数を、なんとなく減らしていけばいいだけです。

たとえば、大勢の人と同席する場では会い、二人きりになりそうなら帰る、といった方法が取れますね。相手からラインやメールが来たときも、「全部無視する」のではなく、返信までにやや時間を置くか、無難な返事をするのが良い匙《さじ》加減でしょう。

誘われたときは口実を設けて……ときには無難なウソをついて、断りましょう。毎回口実を考えるのが面倒なら、「義母の病院通いに付き添わないと」など、継続的に使える内容にするのも良いですね。

悩み時間を減らし、お互いが傷つかないための方便に罪悪感を持つ必要はありません。自分に対する潔癖、相手に対する潔癖、どちらもマイルドにしていきましょう。

#「カサンドラ症候群」になりやすい？

「カサンドラ症候群かもしれません」と言って私のクリニックを訪れる方が、ここ数年増えています。その中には、HSPの傾向を持つ方が少なからずいます。

カサンドラ症候群とは、発達障害のある人のそばにいる人（恋人や配偶者など）が、相手の言動に振り回され、心身に不調をきたす状態です。

「症候群」と呼ばれてはいるものの、医学用語ではありません。うつ症状やパニック障害、無気力、自己肯定感低下などのメンタル症状を示す人々が、「発達障害の人がそばにいる」という条件を満たした場合に、この名称が使われています。

HSPの方は、なぜカサンドラ症候群になりやすいのでしょうか。

一つは、やさしくて同情的な性格のために、発達障害の人に寄り添った結果、時に強い個性に引きずられてしまうことです。また、発達障害の人の一部が持つ潔癖さ等に共感して惹かれ、その共感がやがて苦しさに変わっていくこともあります。

実を言うと私は、この状態を「カサンドラ」と呼ぶことに賛成ではありません。

カサンドラは、ギリシャ神話の登場人物です。彼女の予言は的中率１００％なのですが、「それを絶対に信じてもらえない」という運命を背負わされています。彼女は国の危機を察し、周囲の間違った選択を必死に止めたのに、誰にも信じてもらえず国は滅亡。彼女自身も、悲劇的な最期を遂げるというお話です。

その逸話になぞらえ、パートナーに苦しめられていることを周囲に理解してもらえない人たちを、カサンドラと呼ぶわけですが……本家と違って、現代のカサンドラたちには解決策があります。本家のような、避けられない悲劇を生きているわけではありません。

とるべき道は、二つに一つ。別れるか、うまくやっていくかです。

うまくやっていくことも、不可能ではありません。この場合、まずすべきは、発達障害について理解を深めることです。

発達障害にも、さまざまな種類があります。ＡＤＨＤ（注意欠如・多動症）とＡＳ

D（自閉スペクトラム症）とでは、行動もコミュニケーションのありようも大きく違います。

「カサンドラかもしれない」と来院される方々のほとんどが、そうした知識を持っていません。知識がないから、対処法も知りません。ただただ、パートナーが「自分の思う普通ではない」ことに悩み、「普通になってほしい」と願うことを繰り返しています。

でも、すでに述べてきた通り、それこそは不可能なことです。人は、他者を変えることはできないからです。

あなたに別れるつもりがない場合、「変わってほしい」と期待するよりも、相手を知ることが生産的な道となります。

相手が何を嫌がるかを知り、何を喜ぶかを知り、それを実践していけばいいのです。

発達障害の人の好き嫌いは明確です。タイプによって違いはありますが、それぞれに特徴的な価値観や、行動パターンがあります。クセの強い相手ではあっても、価値観のポイントを的確に押さえれば、対処しやすいとさえ言えるのです。

慣れないことや臨機応変さが求められる場面が苦手なら、出かけるときは時間も含めて細かく予定を立て、共有する。いつもと違うことが苦手だったり変化が嫌いなら、洗剤やシャンプーを替えるときは一緒に相談して決めるなど、対策は可能です。

相手の価値観を知り、尊重するということは、すなわち「相手の自己重要感を満たす」ことです。すると、相手もこちらに対する好意と信頼を取り戻します。

結果、相手の態度が変わり、そうなるとこちらも再び相手の良い面に気づきます。

そうして関係を修復させた方も、たくさんいらっしゃいます。

相手の非を数えて自分の境遇を嘆くより、ずっと良い方法だと思いませんか？

もちろん、相手の好き嫌いを慮《おもんぱか》る気も起きない（つまり、好きでもなければ情があるとも言えない）ほど疲れてしまっている場合は、離れることを考えましょう。

「初対面がとにかく苦手」

ＨＳＰの方々の不得意なことに「初対面」があります。未知のこと全般に不安を感じやすいのに、その未知が「人」となるともうお手上げ……という方は少なくないはずです。

仕事上での初対面ならなんとか大丈夫、という方も多いでしょう。

名刺交換をして、挨拶をして……と段取りが一応決まっていますし、用事で会うので話す内容も決まっています。たしかに、難易度は低めですね。困るとしても、せいぜい「目を見て話さなくては」と思って緊張する、といった程度でしょう。

しかし、もしその相手と一緒に建物を出て、帰る方向が同じだとわかったら？

雑談＝「用事ではないおしゃべり」をしなくてはならない、とわかったら？

目的のない話を、即興で、どんな話題が好きかわからない相手と話すとなると……緊張が一気に高まるかもしれません。私も昔はものすごく苦手でした。

プライベートでも、新しくサークルに参加するときや、保護者会での初顔合わせなど「用事」つきの初対面なら、緊張度は比較的低めです。

対して、「友人が、そのまた友人を突然食事に連れてきた」は緊張度高めです。ダブルデートや、友人夫妻を招待するといった場面もあります。もともと友人関係にある夫どうし（もしくは妻どうし）は楽しいでしょうが、それぞれのパートナーはどうでしょう。

初対面の「配偶者の友人」なら、配偶者を共通の話題にできますが、「配偶者の友人の、そのまた配偶者」となると、気が滅入る人もいると思います。

……と、ここまでハードル高めなシーンを列挙しましたが、ご安心ください。

こんなときの緊張をほぐし、打ち解ける方法はちゃんとあります。

一つ目は、「はじめまして」の瞬間です。

相手をひと目見て、「あ、気が強そう」「気難しそう」といった「レッテル貼り」をしないようにしましょう。そのレッテルが当たっているかどうかは問題ではなく、こちらがそのレッテルにとらわれて、身構えることが問題なのです。

キーワードは「多面体」です。人は皆、多数の面を持つ存在だとお話ししましたね。最初の瞬間にたまたま一面だけ見た（ような気がした）だけですから、「ほかの面も、これから色々見えるのだろう」と、気楽に考えるのが一番です。


二つ目は、「自分が努力しなくては」という思い込みを捨てることです。

初対面なのは相手も同じですから、距離を縮める作業は、二人で行うべきです。

相手がつまらなそうな態度を取ったとしても、「楽しませてあげられない……！」などと焦る必要はないのです。


三つ目は、「もしかして、退屈してる？」といった深読みをしないことです。

繊細な人は、相手の態度や表情を細かく見て、そのつど気を揉みがちですが、これまた不要な気遣いです。前にお話ししたように、気遣いは相手への思いというより「自分の心配」という要素が強いことも、ついでに思い出すと良いでしょう。

「そうは言っても、気にしてしまうのは止められない」と思いましたか？

だとしたら大チャンスです。四つ目を実践しましょう。「期待オフ」の練習です。

努力が報われない、と感じた瞬間、ガッカリしたり焦ったりする代わりに「あ、期待してた」と自分に言いましょう。相手がこちらをどう思うかは、相手の領分なので変えられません。気にしてもしなくても同じだ、と思えばいいのです。

ちなみに、期待にとらわれているときは、内心の身構えが顔に出やすくなります。オフにするとオープンな印象になるので、相手も緊張を解きやすくなります。

以上を踏まえて、五つ目。「相手の自己重要感を満たす」。そう、人間関係づくりの最強スキルです。初対面でこそ、これを実践しましょう。「つまらない人と思われているかも」といった自分への意識を、180度転換して、相手に向けましょう。

そのときは「3タイプ分け」が役立ちます。相手を観察して、どのタイプかを考えましょう。これは、先ほど触れた「レッテル貼り」ではありません。自分を守ろうとして身構えるのとは、逆の方向。相手が喜ぶことを考えるという、戦略的な分析です。

相手のタイプがわからないときは、「身に着けているもの」を入り口にしましょう。

時計、靴、服、バッグ、アクセサリーなどで特徴的なものがあれば、それについて触れるのが一番簡単な方法です。「その指輪、素敵！　なんていう石ですか？」など、なんでも構いません。相手が興味を持っていることにこちらも興味を示せば、相手は自己重要感が満たされるのです。逆に、指輪を着けていないか、結婚指輪だけならば、アクセサリーに特別関心がないと見ることができます。これも「掘らなくて良い鉱脈だ」という判断材料になります。

最後にもう一つ。こちらが話す量を、「10分の1」に抑えましょう。自分については話さず、相手の話を聞く。そして否定しないことです。

「でも」も、「いや、それは」も、「私は違うなぁ」もナシ。「そうなんだ」「面白い」「わかる気がする！」「それって、昔から？」と肯定的な興味を示しながら、さらに話を促しましょう。自分に興味を持ってくれて話を聞いてくれる良い人だ、と相手が思えば、打ち解けられる確率は跳ね上がります。

最初は、ぎこちなくてもＯＫです。スモールステップで訓練しましょう。

「何気ないひとことがすごく気になる」

オフィスで残業中の、ある夜。一足先に退勤する同僚が、「お先〜」という挨拶のあと、ふと振り返って、「頑張るねえ」と、ひとこと付け加えたとします。

こんなとき、感じやすい人は、しばしば「深読み」を発動させます。

「『一人で張り切っちゃって』って、笑われてる？」

「『残業なんかされたら帰りにくいでしょ』って迷惑がられてる？」

「『定時までに済ませられないなんて無能ね』って、バカにされてる？」

そして、謎の結論に至ります。「この人、私のこと嫌いなんだ」。第三者からは、「なんでそうなる」「むしろ、いたわってくれたんじゃ？」と言われるでしょうが、もう、何と言われても思い込んでしまったらその考えが頭を離れなくなったりします。

同僚の真の意図は、本人に聞かない限りわかりません。本当にイヤミだったかもしれないし、実はいたわってくれたのかもしれません。でも考えるべきは、その点ではありません。深読みして気にするクセこそ、大問題です。わからないことで悩んで苦しむクセなど、なくしたくありませんか？

ＨＳＰの人々は、「察しの良さ」のせいで苦しむ、という考え方がありますね。行間を瞬時に読み取ったり、ほんのひとかけらの皮肉に気づいたり。大半の人が見落とすような相手の悪意に目が留まって気になる。すべて、「察してしまう」能力のせい。つらいけれど、それは、優れた能力の証でもある……という理屈が、巷《ちまた》の「ＨＳＰ論」の中では、しばしば語られます。

この説、どう思いますか？　私は、鵜呑《うの》みにすべきではないと思います。あえてきつい言い方をすると、これはつらさを紛らわすゴマカシです。ゴマカシとは言わぬまでも、問題の先送りです。

ＨＳＰの方々が感じているつらさや、ナーバスな気分。それを「だってあなたは繊細だもの」と、慰めるだけでいいのでしょうか。美しい悲劇、という話で終わらせて良いのでしょうか。それは本当に、その人にとって良いことでしょうか？

私は、そうは思いません。つらさを軽減できるなら、軽減すべきです。

繊細な人の察しの良さには、2点ほど、偏りがあります。一つは、ネガティブに寄りがちなこと。「この人、私が大好きなんだな！」「私、めちゃくちゃ尊敬されてるな！」なんて深読みは、めったにしないでしょう？　「察しが良い」なんて言うけれど、ポジティブ方面では、むしろ鈍感と言えるのではないでしょうか？

もう一つの偏りは、他者に対する誤解です。ほとんどの人は、それほど深く考えて話してはいません。頭に浮かんだことを、なんとなく口に出しているだけです。

「いや〜、あったかくなりましたねえ」などの、言わずともわかりきった言葉。

「いや〜しかし、アレだねえ」などの、もはや意味をなさない言葉。

ほとんどの会話は、そんなものです。深読みするだけ、時間の無駄です。

「いやいや、きっちり皮肉を仕込んでくる人もいますよ？」「ハッキリ意地悪を言う人もいます！」という反論もあるでしょう。たしかにそうですね。悪意を「きちんと」示す人も、一定数存在します。そして、そんな人の被害に遭ったときの対処法は、シンプルです。

「気にする」という、自分に向けた関心を反転させましょう。つまり、相手について考えるのです。といっても、相手の心情をあれこれ推し量るのではありません。

そんなことをしなくても、結論は明白です。すなわち、

「この人は、『相手の自己重要感を満たす』ことができない人である」。

これは、間違いのない事実ですね。意地悪を言って、こちらの自己重要感を削ってくるのですから。そう考えると、この人は最高の反面教師です。この人のようなふるまいはしないようにしよう、自分は「相手の自己重要感を満たす」スキルをつけて実践しよう、と思えばいいのです。

ちなみにこのスキルは、ほとんどの人が習得していません。少し頑張って、先んじて習得できたとしたら？　人よりも頭一つ以上、秀でることができます。

「察する能力」よりもずっと貴重で、幸せにつながる能力——すなわち、人に信頼され、尊重される力を、備えることができるのです。

「ひとこと言いたい、でも言えない」

「困った人」にひとこと言いたい。でも言えない。そんな場面がありますね。

再び、残業を例に出します。

毎晩のように残業をこちらに押し付けて、涼しい顔で帰っていく同僚がいるとしましょう。繊細「ではない人」なら、ズバッと「ちょっと厚かましすぎるんじゃない？」と言うのかもしれません。しかし繊細な人は、相手が傷つくのではないか、拗《す》ねてしまうのではないか、と気を揉みますね。

勇気を振り絞って言っても、心は休まりません。もし相手が傷ついたり怒った様子を見せたら、「ああ、やっぱり言わなければよかった」と罪悪感に駆られ、落ち着かない気持ちになるのです。

ならば打つ手はないかというと、そんなことはありません。とるべき基本姿勢は、おなじみの「期待しない」です。現時点で、こちらは相手に「厚かましい人」という不満を持っています。それは「厚かましくなくあるべきだ」「残業を押し付けない人になるべきだ」と、期待しているからです。この期待を、オフにしましょう。「相手にこう変わってほしい」という意識から離れ、その上で解決策を考えましょう。

つまり、「自分が欲しい結果は何か」に注目するのです。

この場面では、「自分が残業しないで帰れること」ですね。

それなら、そうすればいいのです。

「帰らないといけないから、代わりに残業はできません」と言って、さっさと帰るだけ。相手をひとことも非難せずに、結果を得ることができるわけです。

「それは難しい……」と思ったでしょうか？

それはなぜでしょう。相手が高圧的だから？　ワガママだから？　依存されているから？　相手が自分にとって本当に大切な人でないのなら、どう思われようが構わない、という考え方もありますが……一方で、相手がそういう態度なのは、こちらが日ごろから「相手の自己重要感を満たす」ことが十分にできていないためだという見方もあります。

人は、自分の自己重要感を満たしてくれる人に信頼と好意を持つ、と言いましたね。好意を持てば、その人の言うことを聞きたくなるものです。皆さんもそうではありませんか？　好きな人に頼まれたことは引き受けたいし、困っていたら助けたくなりますね。それなら、相手が、自分に対してそう思うようになればいいのです。

まずは「3タイプ」をはじめ、序章で紹介したタイプ分けをもとに、相手の人となりと、喜ばれそうなコミュニケーションは何か、をチェックしましょう。

前項でもお話ししたように、これができる人は少数です。ほとんどの人が、不満を感じている相手にそのまま不満を言って、ますます関係をこじらせています。

先ほど、繊細ではない人なら「厚かましすぎるんじゃない？」と言うかもしれない、と言いましたが、これを真似してはいけません。

「ひとこと言いたい」相手には、こわばった顔で苦言を呈するのではなく、「好かれるコミュニケーション」を取るのが正解です。

なお、相手の自己重要感を満たすことを、「好かれるために媚《こ》びる」ことと混同しないよう、注意しましょう。成果はあくまであとからついてきます。まずは相手が「尊重されている」と感じるような行動をとることに専念しましょう。

相手を分析すれば、その方法がわかります。タイプごとに、事実にもとづいて自分の行動をあてはめていくだけですから、慣れればラクです。むやみに相手に媚びて神経をすり減らすのとは正反対で、ストレスもゼロです。

相手が何にどんな反応を示すか観察するのは、繊細な人はきっと得意なはず。ちょっとずつ練習して、感覚をモノにしましょう。

「悪い相手でも、つい同情してしまう」

「カサンドラ症候群」の話をしましたが、HSP傾向のある方は、もっと危険な相手に「はまる」可能性があります。利用したりだましたりするつもりで、寄ってくる人物です。

やさしさを見越して、不幸を前面に出して近づいてくる。怒れない性格につけ入って、無理難題を押し付ける。本当に悪い人は、DVや、犯罪の片棒を担がせるといった行動に出ることもあります。そこまでひどくなるのはたいてい、恋人や夫婦など、近い関係です。パートナーを同情心で選ぶことは、くれぐれも避けたいところです。

友人知人でも、「利用してくる人」はあちこちにいます。たとえばママ友が、自分の子供を毎日のように遊びに来させて遅くまで居座らせ、夕食まで食べさせる、といったケース。子供どうしが仲良しなので拒否しづらい、とこちらが思うことまで見越して、学童保育がわりに利用してくるのです。仕事がらみの利用もあります。「これ、得意でしょ？　やって！」と大量の書類を押し付け、報酬はゼロか、あっても雀の涙。これは言わば、やさしさにつけこんだ搾取です。

一方、利用される側の内心は、本当に「やさしさと同情心」だけなのでしょうか。たぶん、そうではないと思います。利用されている方々の話に耳を傾けていると、「依存」に近いケースも多々見られます。周囲に「たいがいにしておけ」と言われても、離れられない。ひどいときはむしろ、忠告してくれた人のほうを遠ざけてしまう。そこまで犠牲を払っても、利用してくる相手から「見放されたくない」。渦中にある人はしばしば、そんな心情を吐露します。

なぜ助けている側なのに、見放されたくない、などと思うのでしょう。

そこには利用する側の、悪い意味で優れたテクニックがあります。

彼らは、こちらの自己重要感を満たしに来ているのです。

「相手の自己重要感を満たす」は、悪い人間が習得すると、悪用されます。彼らは、タイプ分けや理論を知りはしないと思いますが、「尊重されている、と相手が感じるツボを押さえれば最強」という核の部分を理解しているのです。人によってツボが違うこともわかっているし、「この人は利用できる」と見分ける眼力もあります。

「利用できる」と彼らが考えるのは、この本で言う「パーソナリティ重視タイプ」の人々だと考えられます。パフォーマンス重視タイプは損得をしっかり考えるのでだまされにくいですし、ブランド重視タイプも、褒めそやされて一瞬その気になっても、自分のペースが崩されるとわかれば即座に去るでしょう。

しかしパーソナリティ重視タイプは、「あなたしかいない」「あなたが必要」と言われると、自己重要感が強烈に刺激され、離れられなくなるのです。

今、悪い人に利用されている方は、早急に洗脳を解かなくてはなりません。殺し文句を言われた瞬間、「あの手だ！」と察知し、すぐに逃げましょう。

利用されていると気づいたら、逃げると同時に「見習う」ことが大切です。同じテクニックを習得しても、皆さんは、それを使って人を搾取するような卑しい人間ではないはずです。他者とつながるため、良い関係を築くために、この力を使うはずです。それができたとき、利用された苦い経験は、最良の形で活かされるでしょう。

「リーダーには向いていない？」

繊細な人は総じて、目立つことが好きではありません。ビジネスでも、華々しく注目を集めることより、自分の価値観に沿った仕事に打ち込み、完成度の高い成果物を作ることに幸せを見出す人が多いです。ですから、「リーダー業務」にも苦手意識を抱きがちです。プロジェクトを牽引《けんいん》したり、部署をまとめたり、といった仕事を任されそうになったら、つい逃げ腰になることも。

「コミュニケーション下手な自分にできるわけがない」「人に注意するのが苦手だから部下をちゃんと指導できない」と、断る理由が色々浮かんでくるかもしれません。

しかし、「自分にはリーダーは務まらない」と決めつけるのは性急です。

たしかに、リーダーに向いていない面はあると思います。人間関係において器用とは言い難いですし、注意したりするのが苦手なのもハンデです。しかし第1章でも話しましたが、チャンスのたびに断り続けてキャリアを狭める選択は、果たして自分にとってプラスでしょうか？　ここでは、「人間関係」という別の切り口から、チャンスを棒に振らない方法を考えてみましょう。結論から言いますと、「期待しない」と「相手の自己重要感を満たす」の双方を備えれば、ＨＳＰの方は、優れたリーダーになれます。

「期待しない」を習得すると、メンバーどうしのぶつかり合いや、アクの強い部下の行動などに一喜一憂せず、解決策を考えられます。「自己重要感を満たす」ができると、細やかな性質に、合理性と精度の高さも加わり、非常に慕われるリーダーになれます。真面目で誠実な人が多いので、その点でも部下に信頼されるでしょう。

この超基本に加え、必要に応じて持つべき知識もあります。

メンバーの中に、マイノリティの人や発達障害の人、そしてＨＳＰの人がいる可能性は常にあります。それらの特性についての知識を、そのつど得るようにしましょう。同じようなＨＳＰ気質の人が相手でも、「自分と同じだから」とひとくくりに考えず、その人自身の「３タイプ」や、得意分野などと併せて理解することが大事です。

なお、おそらく一番の心配事である「注意できない問題」も、普段から相手の自己重要感を満たしていれば問題にはなりません。その一環として、覚えておくと便利なワザがあります。それは「陰口」ならぬ、「陰褒め」です。

「彼女はいつも新しい視点をくれるから、ありがたいわ」というように、相手の良いところを、第三者に向かって言うのです。内心では「新しい視点はくれるけど、だらしないのが困りもの……」と思っていても、後半部分は黙っておきましょう。

日ごろのコミュニケーションに加え、第三者から「リーダーが褒めてたよ」という情報がもたらされると、相手の自己重要感は著《いちじる》しく上がり、こちらを好きになります。その下地を固めておけば、「君はたま〜にルーズなのが、玉に瑕《きず》なんだよね」と指摘しても、相手は傷ついたり拗ねたりせず、改善に向けて努力してくれます。

事実にもとづいた「陰褒め」には、間に入った第三者がこちらを信頼してくれる、というメリットもあります。「陰口」だと、「この人、この調子で自分のことも悪く言っているのかな」と思われてしまいますが、「陰褒め」なら逆です。「人の良い面を見る人だ」「人を受け入れる人だ」と、肯定的な印象を抱いてもらえるでしょう。

「断るのが苦手、頼むのも苦手」

「急でごめん。これお願いしていい？」と言われ、（ちょっと……いや、かなり迷惑）と思っても、NOと言えない。「難しいお客様なの。あなたならうまくなだめられるでしょ？」と言われ、（怒らせたのはあなたなのに）とモヤモヤしつつ、引き受けてしまう。「○○さんってイイよねー。友達でしょ？　紹介してよ」と言われて、（面倒なことにならないといいけど）と迷いつつ、応じてしまう。

そんなことが頻繁にあるなら、「断れない性分」を改善する必要アリです。なぜ断るのが苦手なのでしょうか。「断ると申し訳ない、かわいそうだ」と思うからでしょう。

しかしそこには、大事な視点が抜けています。頼まれごとを引き受けるということは、それを行っている間のあなたの時間を「奪われる」ということです。その時間に本来やるべきであったこと・やりたかったことが、できなくなるということです。

そう考えると、感情論だけで判断すべき話ではない、とわかりますね。そもそも

「かわいそう」とも限りません。相手は、そこそこ負担となる仕事を、軽い調子で頼んできています。報酬（金銭、ほかの仕事の肩代わり、「今度おごるよ！」などなど）にも無頓着なのではないでしょうか。ならば同情する必要はないですし、そうした相手は、また別の誰かに軽い調子で頼むはず。つまり、さほど困らないのです。

一方、人に「頼むこと」を苦手とする人もいます。

なぜ頼めないのでしょう。「遠慮してしまうから」でしょうか？　それもあるでしょうが、頼みづらさの心理は、もう少し複雑です。

頼むという行為には、実はすごくエネルギーが要ります。「まずこうして、次にこうして……」と、手順を説明しなくてはならないからです。それには、第1章で登場した「課題分析」（↓72ページ）が的確にできなくてはなりません。そしてそれを相手にわかる言葉で言えなくてはなりません。すると、「面倒だな、自分でやろう」と思ってしまうのです。

逆に言うと、第1章でお話ししたノウハウが身についていれば、課題分析が素早くでき、頼む力もアップするということです。

課題分析力が上がると、「全部頼むか、一部任せるか」といった中間地点を探ることも上手になります。頼むか頼まないかの二者択一と違い、中間があると柔軟な対応ができます。相手が負担にならない「適量」を調整したり、複数の相手に、それぞれに合った仕事を配分したり、といった応用も利きます。

あとは、完璧主義を発動させないことだけ注意しましょう。出来上がりへの期待をオフにして「50点主義」でいることも、頼み事をするときの大事な知恵です。

こうして経験を増やし、頼み上手になっていくと、最初にあった「遠慮」という心理的ハードルも下がっていきます。

これは、皆さんがマネージャーの立場に就くときはもちろん、高齢になったときにも効力を発揮します。「荷物が重くて階段を上れない」などのピンチの場面で、「ちょっと手を貸していただけますか？」と、近くを通った人に助けを求められるのです。頼み上手なおじいさん・おばあさんを目指しましょう。

Column

お気に入りの匂いを見つけよう

匂いには、人の気持ちを大きく左右する力があります。五感のうち、嗅覚だけは、脳に届く経路が少し違います。鼻腔から入って、記憶をつかさどる海馬や、感情をつかさどる部位に、ダイレクトに働きかけるのです。

皆さんには、好きな匂いはありますか?「好き」に限らず、「いい思い出の匂い」「安心できる匂い」「気分が晴れやかになる匂い」など、気分を安定させたり、上向きにさせたりする匂いをいくつか持っておくのはとても良いことです。

繊細な方々なら、人工的な香料よりも、ハーブやアロマオイルなど、自然由来の香りがしっくりくるでしょう。アロマエッセンスをそろえるのも良いですし、バスタイムグッズなど毎日使うものに取り入れるのもおすすめです。

たとえば我が家には、私の好きなバラの香りのお茶が常備されています。朝は、柑橘《かんきつ》系の匂いがさわやかなヘアオイルを髪につけるのが日課です。ほかにも、ハンカチにオイルを一滴垂らしてバッグに入れておく、といった方法もありますね。そのときどきの気分に合わせて、匂いもコーディネートしましょう。

第3章

「生活のジャマになる悩み」をショートカット

繊細さのためにうっかり損をしがち、人間関係で悩みがち、というメンタル面の話を中心にこれまで語ってきましたが、この章では、身体にも目を向けていきます。

繊細すぎ、敏感すぎなところのある「五感」が起こすストレス、つまり生活の中で感じるストレスがテーマです。

視覚・聴覚・嗅覚・味覚・触覚、このうちどれが過敏かは、同じHSPでも人それぞれです。五感のどれにも該当しなくても、「なぜか雰囲気が合わない、落ち着かない」といったこともあります。しかし、解決の方向性は、実は一貫しています。「ふんわりと淡くする」ということです。

皆さん以上に五感の過敏さを持つ人々に対し、医療現場では、「ローアローザル（low arousal）」という考え方が重視されます。

「アローザル」とは、「覚醒」という意味です。

そのレベルを抑える、つまり「クッキリ・シャッキリ」ではなく「ボンヤリ・ふんわり」にすることが必要なのです。

環境はもちろん、医師が接するときの物腰や表情も、ローアローザルであることが求められます。


繊細な人にも、ローアローザルな環境はフィットします。私も自宅やクリニックやレストランなど、どこでも「ローアローザル」を心がけています。

ポイントは、「コントラストを落とす」ことです。

ギラギラと明るすぎず、真っ暗闇でもない、ほの明るい空間。

うるさすぎず、完全無音でもなく、適度な音のある空間。

寒くもなく、暑くもなく、ほどよい気温や湿度。

これらを意識するだけで、居心地が大きく変わります。


これを基本の考え方として、細かな工夫を増やしていきましょう。

飛び込んでくる情報をマイルドにする知恵を、身につけましょう。

「人が多い・うるさいのが苦手」

家の中と外では、当然ながら音の量が大きく違います。部屋の中ではどこにいても聞こえるスマホの着信音が、外では持っているハンドバッグの中でも聞こえなかったりします。往来の激しい車道や雑踏は、敏感な人には明らかに音量過多です。

音とは別に、「人」そのものもストレス源になります。大騒ぎしていようといまいと、人は、たくさんいるだけで疲れるのです。満員電車はその最たるものです。

道を歩いているときもそうです。人々の歩くペースはさまざまなので、しょっちゅう前をふさがれたり、後ろから追い立てられたりして、小さなストレスが発生します。

神経を疲労させるこれらのストレスには、「対症療法」と「根本改善」の両面で対処する必要があります。対症療法では、視覚と聴覚の刺激をマイルドにする工夫をしましょう。

たとえばサングラスをかけると、風景のコントラストが少し落ち着きます。帽子を深くかぶって視野を狭くするのも、視覚刺激を減らす効果大です。聴覚では、「ノイズキャンセリングイヤホン」を使うと、騒音だけをカットしてくれるので便利です。

周囲の協力を得る、という視点も重要です。職場でどうしても音が気になって集中できない人は、イヤホンをつける許可をもらう、学生さんなら席の決まっている授業では後方の席に座らせてもらう、などの対策をとりましょう。

「そんなことを頼むなんて恥ずかしい」と思うのは禁物です。オフィスや教室で過ごす時間が長ければ長いほど、ストレスは蓄積されます。一日一日のストレスは小さくとも、長く続くと「いくら寝てもだるい」などの慢性的な疲労につながります。仕事や学業のパフォーマンス向上のためにも、遠慮せず、協力を仰ぎましょう。

以上が対症療法です。では、根本改善とは何でしょうか。

それは、ストレス自体を減らすことです。

過敏さとストレスは、「鶏と卵」のような関係です。日ごろストレスを多く感じていると、五感はより過敏さを増します。逆に、ストレスの少ない毎日を送れていて、気持ちが落ち着いていると、少々騒がしいところに身を置いても、ダメージは低く済みます。

「では、職場やプライベートでストレスを感じていたら、お手上げでは？」と思うかもしれませんが、そんなことはありません。職場やプライベートで経験するさまざまな状況や出来事に、ストレスを感じにくい体質になればいいのです。

序章から一貫してお話ししてきた例の2本柱が、ここで役立ちます。そう、「期待しない」と「相手の自己重要感を満たす」です。

この二つをマスターすれば、緊張しやすさが緩和され、人間関係が円滑になり、トラブル時には冷静に解決策へと目が向き……その結果、動揺しない心が整います。

メインの対策は、対症療法よりもむしろ、こちらにあります。ストレス耐性を上げ、ベースの体調を良くするためにも、毎日地道に、二つの基本スキルを育てましょう。

「眠りが浅い・寝つきが悪い」

ベッドに入っても眠れない、眠れてもすぐ目覚めてしまうなど、繊細な体質の方には、睡眠に関する悩みもついて回ります。こちらも前項と同じく、「ストレスを減らす」ことが重要です。疲れているのに眠れない理由は、十中八九、日中のストレスにあるからです。

その日のイヤな出来事が頭の中に渦巻いたり、明日のことが心配だったりして、ヘトヘトなのに目が冴えて眠れない夜を、多くの方が経験したことがあると思います。それ自体は、誰でも一度くらいは経験があることでしょう。

私のクリニックにも、多くの方が、睡眠の悩みで来院されます。「間違いなく不眠症だと思います」とおっしゃる方も多いですが、日々の状況を聞くと、強いストレスを抱えた方がほとんどです。その場合の不眠は「不眠症」ではありません。つまり、病気で眠れなくなっているのではないのです。

ストレス満載の毎日ならば眠れないのは当たり前であり、むしろ正常な状態です。ですから処方薬で無理やり眠るよりも、ストレスを減らすことに力点を置くのが正しい対処と言えます。すなわち、ストレスの原因を回避したり、解決したり、ストレスにダメージを受けにくい体質を育てたり、といった前項と同じ対処をするのが一番。夜にきちんと眠るためには、日中の生活を変えることが決め手なのです。

日中にできることは多々あります。朝一番で日光を浴びて、体内時計を整えると、夜には睡眠を誘うホルモン「メラトニン」が出ます。運動量を増やすことも大事です。適度に身体を疲れさせる（神経疲労ではなく、肉体を疲労させる）ことで、夜にスムーズな入眠ができます。

夕食は、就寝3時間前には済ませておくのが望ましいでしょう。パソコンやテレビも2～3時間前にはオフにして、液晶画面の強い光を目に入れないようにしましょう。

ということは、スマホも夜に見るべきではないのですが……実行できている人は少なさそうです。「寝る前の心得」は、わかっていてもできないものが多いのです。そこはもう、仕方がありません。せめて「寝る前のスマホはよろしくない」という知識だけ、持っておいていただければ幸いです。

簡単にできることもあります。第1章で紹介した、「ストレッチ3種」（↓88～91ページ）です。5分でできて、すぐにリラックスできます。ぜひ毎晩行いましょう。一度やってみていつもよりよく眠れたら、それが「成功体験」になります。すると、習慣化しやすくなります。3種のストレッチは、なかなかの高確率でその流れができる、優れた方法です。

ほかにも、「自分がリラックスする方法」をどんどん取り入れましょう。ラベンダーなどのアロマオイルを使うもよし、牛乳が好きならホットミルクを飲むもよし。

ちなみにホットミルクは、「メラトニンの原料であるトリプトファンが多く含まれるから、効果あり」という説がありますが、医学的エビデンスは弱いとされています。一方、インドの伝統医学「アーユルヴェーダ」では、ホットミルクが強く推奨されています。「神様のハーブ」の別名も持つサフランを入れるとさらに良い、とも言われています。科学的に説明できる根拠はないにせよ、時代を超えて、安心感やリラックスをもたらす飲み物として親しまれていることは確かです。

「食べ物が身体に合っていないかも？」

健康のために何を食べるか、で悩む方も多いと思います。

たしかに、食べるものは重要です。体質に合っていないものを食べると、胃腸や肌の調子が悪くなったり、だるさが抜けなくなったりと、さまざまな弊害があります。

しかし、自分に合った食べ物を把握する方法は複雑です。一日に摂取する食べ物はいくつもあるので、どれがどう作用したのかはわかりづらいからです。色々な食品を試しても、身体がどう変化したか今一つわからない、という声もよく聞きます。

一つの食品に関しても、身体に良いとする声もあれば、その反対もありますね。先ほど触れた「ミルク」に関してもそうです。乳製品に含有されている「カゼイン」のアレルギーを持つ人は、実はかなりの割合にのぼることがわかっています。実は私も、その一人です。カゼインのアレルギーは「遅延型アレルギー」といって、飲んですぐに出るわけではありません。乳製品が合わないことを知らずに、なぜか倦怠感が取れない、やる気が出ない、と悩んでしまう可能性もあるのです。

食品選びはこのように色々な難しさが伴いますが、一つ、提案できることがあります。「手間暇のかかった、良質なものを選ぶ」という視点を持つことです。

たとえば、一般的な牛乳では体調がやや悪くなる私ですが、ある牛乳だけは、とても美味しく飲めて変調もまったくなかった、という経験があります。それは、知人が経営している牛乳メーカーの製品です。その会社は、牛の飼料の8割を「牧草」にする、いわゆるグラスフェッド方式で乳牛を飼育しています。

一般の牛乳は、本来牛の食べ物ではない「穀物」を食べさせた牛から搾乳します。牛がよく太り、牛乳がたくさん出るからです。その代わり、グラスフェッドのものよりもはるかに糖質・脂質が多い牛乳になります。搾乳後のプロセスにも違いがあります。知人の会社の牛乳は65度×30分の低温殺菌処理をしており、タンパク質がそのまま保持されます。対して一般の牛乳は120度以上×数秒の高温殺菌なので、タンパク質は破壊されてしまいます。短時間で量産する＝コストパフォーマンスを上げるためには、その方法をとるのが合理的なのです。

逆に言うと、グラスフェッドの牛乳は手間がかかり、製造コストも高くなります。知人の作っている牛乳は、1リットル600円。なかなかお財布に厳しい値段です。肉でも同じことが言えます。自然に育ったグラスフェッドの牛は高価ですが、まったく胃にもたれないことに驚きました。

とはいえ、「そんな高いもの、自分には縁がない」と決めつけてしまうのも、もったいない話です。たとえば、お肌の不調をなんとかしようと、高額のスキンケア商品や、高級な化粧品をいくつもそろえているなら、そのどれかの代わりに、身体の内側に良いものを取り入れるのも一つの方法です。

日ごろ何千円、何万円とかけているジャンルの中から、「これはマストではないかも」と思うものを、たとえば「1リットル600円の牛乳」に置き換えても、お財布は痛みませんよね。

何を飲み食いしたら体調がどうなったかを観察しつつ、手間暇かけたぶん身体に良いものを、一度、試してみてはいかがでしょうか。

「カフェで落ち着かないことがある」

ちょっと一休みしよう、と思って入ったカフェで、案内された席が「どうも落ち着かない……」ということも、経験があるかもしれません。厨房の音がまる聞こえ、スピーカーの音がうるさい、空調の真下で寒い、椅子の座面が硬すぎる、テーブルがガタガタする、隣席のお客さんが賑やかすぎる……などなど。これといった理由がなくても、なんだか居心地が悪い、ということもあります。

こんなとき、遠慮は無用です。時間が経過するほどストレスは蓄積しますから、一分でも早く、席を替えてもらいましょう。恥ずかしがることはありません。店員さんを呼んで、「別の席が空いたら、移っていいですか？」と聞けば解決です。

もちろん、解決しないこともあります。店員さんが不親切だったり、移ったら移ったで別のストレスがあったときには、「この店は自分に合わない」とわかったことを収穫として、もう行かないのがベストです。

こうしたアンラッキーを防ぐには、「合う店」をあらかじめ持つことが大事です。ふと目についた店になんとなく入るのではなく、普段から「ここなら」と思うところを、行動圏の中に何店か用意しておきましょう。疲れたときの癒やしの場所として、心身共に限界に達したときの「駆け込み寺」として、心強い存在になります。

どんな店が合うかは好みによりますが、共通しているのは、章のはじめに話したように、「コントラストを抑えた空間なら万全」だということです。

蛍光灯だらけの、まぶしいほど明るい店よりも、ほんのりと落ち着いた照明の店がおすすめです。内装も、無機的なモノトーンはNG。原色や、派手な柄の壁紙を多用した店もあまり落ち着きません。

やわらかな中間色や淡色の内装ならほっとできると思います。暗色でも、同系色でそろっていれば、クラシカルで落ち着いた雰囲気に感じるでしょう。

音楽に関しては言うまでもなく、やかましいところは避けるべきです。入る前の目星の付け方としては、若い世代向けの尖《とが》った感じの店だと音量高めの流行曲などがかかっている可能性がありますし、また、ファストフードなど単価の安い店は、回転を早くするために、音量を意図的に上げる傾向があります。

ちなみに以前はファミレスもそうでしたが、近年、方針を変えて音量を抑える店が出てきています。私の推測では、ビジネスパーソンが勉強会やミーティングに使うことが増えているせいかと思われます。オフィス街のファミレスは、意外と狙い目かもしれません。

そうした場所を「複数」持てると理想的です。家と職場、ほかにも通っている場所などの途上に用意するのと、日常の行動範囲外にも見つけられるとベストです。

というのも、もう一つおすすめしたい、週末の習慣があるためです。お気に入りの店から店へと、一日かけて巡る「リラックスツアー」です。

私はときどき、このツアーで一週間の疲れをリセットしています。好きなご飯屋さん、そのあと寄れる好きな書店、さらに、気に入りの喫茶店などをゆったり時間をかけて回るのです。日ごろの疲れが溜まってきたら、この一日リラックスツアーをやると、身体も心ものんびりゆるまります。

「マイルールが多い」

「〇〇しないと気が済まない」と思っていること、ありますか？　理由を問われたら、「そうしないと落ち着かないから」としか答えようがない。そんな「マイルール」を持っている方も、少なからずいるのではないかと思います。「目玉焼きは半熟で、お皿を汚さないように食べたい」とか、「あのＣＭが流れ始めたら、全速力でチャンネルを変える」という程度なら、人から見ても微笑ましい謎の掟《おきて》で済みます。

でも、「朝のメールチェック時には、全部返信してからでないと仕事を始めてはいけない」となると、どうでしょう。もし、急ぎの仕事がある日なら？　いつまでも着手できず、とても非効率です。

私にも昔、強烈なマイルールがありました。外出時、10冊程度の本を持って出ないと落ち着かず、旅行でもないのにキャリーバッグで移動していました。「もしかすると読むかも」「これも要るかも」と、バッグに入れずにいられない。結局１冊も読まずに帰って「意味ないなぁ」と思うのに、翌日にはまた同じことをしていました。

仕事や生活に支障をきたす、謎のマイルール。これも、繊細な人が持ちやすい「完璧主義」の一部です。一つのイメージに執着し、少しでも違うことは許せないという心理です。良い方向に使うと「毎日○○の勉強をしないと気が済まない」など、自分のためになるルーティンにもなりますが、そうでないなら、解除が必要です。

解除方法は、感覚過敏のときと同じく「ストレス軽減」をはかることです。ストレスが強いときほど、こだわりも強くなるからです。とすると、たとえば「ストレス解消のために身体を動かす」は、とても良い方法です。ストレスが減り、結果としてこだわりも減り、身体も鍛えられ、睡眠の質も上がる。まさに良いことずくめです。

ただし、これは長い取り組みになるので、並行して対症療法もやりましょう。先ほどのメールの例には、良い対処法があります。「すぐに返せないメールは予定表に入れる」という方法です。届いているメールの中には一つや二つ、すぐには返しづらいものがあるでしょう。上司の確認が必要なものや、じっくり検討してから答えを出したいものなど。その「じっくり」の間、仕事が止まるのが問題なわけです。

ならばそれらの返信は、今際限なく悩むのではなく、「明日の予定」に組み込みましょう。「明日の13時に○○さんに返事」と、TODOリストに入れてしまうのです。

それまでに確認をとったり、じっくり検討したりできるので、翌日はすんなり返せます。「早く返さないと仕事が始まらない」というストレスも止まります。「即レス」できないものだけを取り除けば、あとは迅速に返信できます。仕事に着手する時間が、大幅に早まるでしょう。


さて、私の「本を10冊持ち歩くルール」のその後ですが、今はすっかり、荷物はシンプルになりました。私は本は紙派なので、読みたい箇所だけスマホで撮影したり。決め手はやはり、先ほど話したストレス軽減でした。昔は「あれも読むかも……」が10冊あったのに、今は「数ページ」。これは明らかに、不安が軽減した印です。時間はかかっても、やはり「根本改善」「体質改善」が最良の方策です。

心配が高じて「やりすぎ」になる

私の「本を10冊持ち歩く」エピソードは、別の角度から見ると、「心配しすぎ」からの「やりすぎ」と言えます。繊細な人はたいてい、心配性でもあります。「○○したらどうしよう」「○○しないようにしないと」と思い、その心配が切実で、ときどき過剰な予防策をとってしまうのです。

たとえば友人との待ち合わせに遅刻してはいけないと思って、早めに家を出て、1時間も早く着いてしまう。よほどの事案でなければ、これは「早め」ではなく、「早すぎ」です。こういうとき、心配の内容はバラエティ豊かです。「電車が遅れるかもしれない」「途中でお腹が痛くなるかもしれない」「迷子になるかもしれない」などなど。

仕事の場面でも、「期限に間に合わなかったらどうしよう」と心配しすぎて、ほかの仕事を脇に置いて必要以上に早く仕上げてしまう、といったことが起こり得ます。もちろん、期限を破るよりはずっと良いでしょう。とはいえ本人の、「心配しすぎ」

になりやすい心の状態は、やはり問題です。そんなふうに自分を追い立てていたら、遠からず疲れ果ててしまいます。

心配しすぎる原因は、お察しの通り完璧主義です。ひとかけらもミスをしてはいけない、という思いが、極度に強くなっている状態です。

そして、こうした切迫感は、これもお察しの通り、ストレスが強いときほど、強くなります。従って、心配しすぎる体質の根本的な改善をはかるには、定番の「ストレスを減らすこと」「期待しないこと」が解決策です。

一方、対症療法についてはどうでしょう。「待ち合わせ場所に早く着きすぎた」「仕事の仕上がりが早すぎた」こと自体には、何ら問題はありません。友達に一切迷惑はかかっていないし、仕事が早ければ周囲は喜びます。問題点があるとしたら、早すぎたぶん、手持ち無沙汰でもったいない時間が生まれてしまうことです。

ここにも、解決策があります。

事前に心配して予防策を立てるとき、ついでにもう一つ、「早すぎたとき」にも備えを用意すればいいのです。備えといっても、呑気《のんき》に構えてOK。時間ができたら何をしようかな、というイメージを、楽しく膨らませるだけですから。

「早く着きすぎたら、あのカフェに入っておけばいいかな」「そこで、本の続きを読もうかな」「早く仕事が終わったら、次の企画について、ゆる〜く情報収集でもしようかな」「定時に終わるから、映画でも観に行こうかな」など。

そうすると心配だけでなく、同時に「お楽しみ」が増えます。心配しすぎたり、早くやりすぎて「またやりすぎてしまった……」と自分を責めることもなくなります。

メリットはもう一つあります。手持ち無沙汰に備えがあれば、つまり、カフェでのんびり本を楽しめていれば、万一、友人が遅れてきても寛容でいられます。

「私はこんなに早く来たっていうのに、あなたときたら！」とイライラせずに済むわけです。自分にも人にもやさしくなれそうですね。

「集中するまでに時間がかかる」

第1章で、「繊細な人は切り替えが不得手」という話をしました。これは、物事を「していない」から「始める」への切り替え時にも起こります。

気が乗らなくて着手できない、着手してもなかなか集中できない。この温まりにくいエンジンに悩む人は、かなりの数だと思います。

繊細な人でなくても、着手にはエネルギーが要ります。重いものを動かすとき、力が要るのは最初の瞬間です。静止しているものを動かし始めるときが一番大変で、動き出すと、さほど力を入れずに済みます。

ならば、最初の作業を、ごく簡単なものにするのが良い方法です。

ここまで何度か出てきた「スモールステップ」同様、気乗りしないときほど1歩目を軽くするのが鉄則です。

この簡単な一歩を踏み出すと、脳内で「作業興奮」という作用が起こります。何かしら身体を動かすと、ドーパミンというホルモンが分泌されて、自然と次の何かをしたくなる――つまりやる気になる、「乗ってくる」のです。

たとえば書類作成がおっくうなときに、1歩目を「タイトルだけ書く」くらい軽くして、実際にタイトルだけ書いてみると、2行目も書けそうな気がしてくるものです。直接仕事に関係のない作業でも構いません。デスクを簡単に片づける、パソコンの画面を軽く拭いて綺麗にする、なども作業興奮を誘う、良い方法です。

では「皿洗い」でも良いかというと、そこは微妙です。第1歩の作業と2歩目以降の作業は、「同じ場所」のほうがつながりやすいからです。

キッチンに行ってお皿を洗うと、作業興奮が発動し、間違えてキッチンまわりの仕事をはかどらせてしまう……なんてことはなくとも、すべき仕事が置いてあるところと同じ場所で、動き始めることが大事です。

一方、同じ場所でも注意すべきなのが、スマホです。仕事をするためにデスクの前に座り、第1歩でスマホのチェックやアプリの整理を始めるのはNGです。ラインに返信したり、うっかり動画を見てしまったりと、またまた別世界に行ってしまうので要注意です。

作業興奮と併せて、もう一つ、知っておきたい時間術があります。タイマーを使って、15~30分程度の「刻み」を設ける方法です。これは「ポモドーロ・テクニック」というノウハウをもとにしたものです。

25分間集中して、短い休息を挟んでまた25分集中、というリズムで作業をすると生産性が高まる、という考え方です。でも、「25分」にはこだわらなくても構いません。集中力のスパンには、個人差があるからです。

私の場合は、20分です。書き物をするときは、まずキッチンタイマーを20分に設定し、スタートボタンを押して、書き始めます。15分、16分と過ぎて、最後の方はちょっとした競争です。「タイムアップの前に、ここまでは絶対進む!」と気合が入って、集中力は最大限に高まります。成功したら「またやるぞ!」、失敗したら「次こそ!」という気持ちになり、再び20分設定して、また勝負。繰り返すうち、止まらなくなります。

これは、ドーパミンが20分ごとに、連続して出ている状態です。1時間かかる作業なら、3回分泌されているということです。

同じ1時間を気乗りがしないまま何もせずに過ごすとしたら、ドーパミン分泌はゼロ。焦りで脳は疲れ切り、そこからの回復も難しくなります。

小刻みにドーパミンを出す「ポモドーロ・テクニック」なら、どんなにハードな仕事でも脳は疲れません。普段、「あんまりはかどらなかったのにヘトヘト……」になっている人は、ぜひお試しください。

「一つうまくいかないと一日うまくいかない」

何か一つうまくいかないことがあると、その瞬間「あ、もうダメだ」となって、その後はドミノ倒しのように何をやってもうまくいかず、一日が台無しに……ということはありませんか？　こうなる理由は、ダメージを受けすぎること、切り替えが不得手であることなどが挙げられますが、もう一つ、見逃せない原因があります。

「あ、もうダメだ」の後、「どうせ何をやっても……」と思ってしまうことです。一つ間違ったら、もう全部どうでもよくなって、一日を投げやりに過ごしてしまうのです。

これは以前にも登場した、トータルリジェクションです。第2章で触れたときは、「人」に一つイヤな面を見出した瞬間に好意が全消滅する、という話でしたね。今回は、「完璧になるはずだった今日」に失望して、意欲が全消滅する状態です。

つまり今回も、元凶は完璧主義だということです。「また同じ話か」と思うかもしれませんが、それくらい、完璧主義はさまざまな弊害をもたらすのです。また、こんなふうに「理由がわかる」ことは、意外に大きな意味を持ちます。

理由がわからないと、この習性がひどく強大で克服し難いものだと感じます。対して、「完璧主義だから、少しダメだと全部ダメだと思うんだ」「今、自分はその状態だ」というしくみがわかれば、どうしたら解除できるか、に意識が向きませんか？

そこでさっそく、いくつか具体的な解除法をお伝えしましょう。

まずは、「丸めてポイ」作戦。今起きた「うまくいかなかったこと」を、ポイッと捨てるイメージを描きます。頭の中でイメージするだけでも良いですが、できれば実際に動作にしてください。グシャグシャと丸める動作をして、それを肩越しに、後ろにポイ。あとは一切振り返らない。単純ですが、とてもよく効きます。

次は、第1章に出てきた「ロングショット」作戦です。イヤなことが起こった瞬間の映像を、どんどん遠景にしていきましょう。同じことですが、こちらのカメラを引きにする代わりに、映像のほうに去ってもらう方法もあります。私がよく使うのは、イヤな経験をトラックの荷台に載せ、はるか遠く、見えなくなるまで運んでいってもらうイメージをする方法です。

はたまた、最初の「イヤなこと」が、こちらの過失であった場合にも、良い方法があります。恥ずかしい、申し訳ない、カッコ悪い、怒られた、軽蔑された……と、動揺と自責が脳内をかけめぐっているときは、「宇宙から見た自分」を想像します。宇宙から見ればどんな失敗やカッコ悪さも、非常に小さなものだとわかります。

私のｉＰｈｏｎｅの待ち受けは、デフォルト仕様の「地球の画像」です。失敗したときに見ると、「ちっぽけな自分が、ちっぽけなことで悩んでいるな」、と思って、少し微笑ましくなります。ちなみにこの仕様、自分の位置が緑色の点になっていて、ときどきピカッと光を放ちます。そんなときは、小さな存在である自分に、ちょっといじらしさを感じられたりもします。ｉＰｈｏｎｅを使っている方なら、どなたでも使えると思います。

ｉＰｈｏｎｅでない方も、地球のフリー画像を待ち受けにしてみるのはおすすめです。究極のロングショットで、平常心を取り戻しましょう。

「面倒くさい人」と思われてる？

後輩や部下に仕事を教えている最中、ふと感じる違和感。「なんだか……途中から、聞いてなくない？」「『そんなのどうでもいいじゃん』って思ってる？」「うるさいと思われてる？」「面倒くさい人だと思われてる？　考えすぎ？」……残念ですが、これは考えすぎではないケースもあります。繊細な人は、物事の細部にまで目が届くという長所を持っています。しかしその長所は、人に何かを伝えるときに「指示が細部にわたりすぎる」という短所にもなるのです。

繊細な人の伝え方の特徴は、重要なことも、重要でないことも、全部言葉にしてしまうこと。それもそのはず、本人は全部重要だと感じているからです。

しかしそれでは、相手はポイントを把握できません。そして心の中で、こうつぶやくことになります。「何を言いたいのか、全然わからない」「この人は細かい、ということだけはわかる」。悪くすると、「ここまで細かく言われるのって……私、信用されてないんだな」という思いまで抱かせているかもしれません。
「まさか！　そんなこと全然考えてなかった」と思うでしょうか？　わかります。言葉をたくさん発しているとき、人は、あまり考えていないのです。わかりやすく伝えられているか、という相手視点でなく、「これも、これも言いたい」が前面に立ってしまう。これが相手と自分の間に発生するギャップの元です。

ですから全部を伝えようとせず、優先順位をつけましょう。感じやすい人は「全部を重要だと感じる」と言いましたが、それは普通の人よりも見分けが「難しい」だけで、「わからない」わけではありません。

落ち着いて考えれば、何が重要か、きちんと判断できます。まずはランダムに、伝えたいと思うことを書き出すのが効果的です。そうすると、どこが骨子で、どこが枝葉かわかります。それが見えたら、「骨子以外は話さない」と決めましょう。するとおそらく、しゃべる量がこれまでの10分の1になります。

10分の1まで縮まっていないなら、まだ多い証拠。もっと削りましょう。「でもこれも言いたい、これも外せない」と思っても、そこは我慢。それらは、まとめてこう言い換えればいいのです。

「ここまでで、質問あるかな?」「今はないか。OK、じゃあ何か困ったら、いつでも聞いてね!」。これで、簡潔でわかりやすい伝え方になります。

「私は優先順位を意識して伝えてるのに、相手のミスが減らない……」ということもあると思います。その場合は、箇条書きのメモや、手順を示したマニュアルを渡すほうが効果的です。口頭と違っていつでも見返せるので、相手も安心です。

そのときついでに、「自分マニュアル」(↓82ページ)について教えてあげると、さらに親切です。マニュアルを自分の言葉へと再構築するこの技術、効果がすぐ実感できるので、きっと感謝されます。

シンプルに伝えて、自分で考えさせる。最初は難しいですが、コツをつかめば必ずできます。自分の頭の整理にもなりますので、果敢に取り組んでください。

「理想が高いのに、頑張れない」

完璧主義の人は勤勉で努力家だ、というイメージがありますね。もちろん、そういう人はいます。しかし、完璧主義の人が全員、勤勉なわけではありません。中には、正反対に見える人もいます。毎日ゴロゴロしていたり、頑張りどころで投げ出したり。

私も仲間でしたからハッキリ書きますが、この「努力が苦手な完璧主義者」のほとんどは、繊細な人です。

その頑張らなさで、周囲から「呑気な人」と誤解されることもありますが、これまた正反対です。完璧主義なのに、努力ができない――そんな人の心の中では、どれほど激しい自責の嵐が吹き荒れていることでしょう。

このタイプの完璧主義は、「○○たるもの、○○でなければ」というフレーズでできていることが多いと思います。勉強やスポーツをするなら、常に成績上位でなくてはいけない。社会に出たら、出世しないといけない。何かを表現するなら、皆に称賛されなくてはならない。子供たるもの、親の面倒は自分で見なくてはならない。仕事を続けるなら、家事と育児も高いレベルで両立させなくてはならない。親たるもの、子供にとって理想の人生の体現者でなくてはいけない……。

その理想、少々、荷が重すぎはしませんか？

現時点での立ち位置と、掲げた理想までの距離があまりにも遠いと、人は、努力ができなくなります。努力する勇気がくじかれて、動けなくなるのです。

「ポモドーロ・テクニック」（→172ページ）の話をしたときに、「動かないでいるとドーパミンが出ない」と言いましたが、まさにこの状態です。

高すぎる理想は、動けない→ドーパミンが出ない→ますます動けない、というループを呼ぶ厄介な代物なのです。

それに追い打ちをかけるのが、減点法で考えるクセです。理想と引き比べて、自分がどれくらいできていないかを数え上げて、ますます自分を追い込んでしまうのです。

その発想を180度転換して、加点法で考えてみましょう。まず、「今あるもの」

を数えるのです。難しいかもしれませんが、数えられるものがないはずはありません。生きて、食べて、眠るという生命活動をしているだけで、すごい加点要素です。それくらい、当たり前に見えることまで、全部目を留めましょう。前はできなかったけれど、今はできることもあるはずです。子供のころと比べたら、きっと数えきれないほど見つかるでしょう。1年前の自分と比べても、きっと何かあるでしょう。

つまりあなたは、精一杯頑張って生きているのです。うっかり背負ってしまった重すぎる荷物に押しつぶされそうになりながら、一日一日生きている。すごいことです。すごいことですが、そのまま押しつぶされては困るので、次は、「これからすること」について考えてみましょう。

こちらは簡単です。小さな成功体験を、たくさん経験すればいいのです。

成功する人は成功体験のある人だ、という話（→46ページ）を覚えていますか？成功体験が多い人は恐れずにチャレンジができて、成功するまで何度もチャレンジを繰り返せて、最終的に成功する、という流れがあるのです。どんな小さなことでもいいから、「何かをしようと思って、する」を、たくさんやってみましょう。

数を打つことが大事なので、少しでも「大変そう」と思うことは避けましょう。スモールステップの精神で、とにかく軽く、軽く。「気乗りはしないけれど誰かに褒められそうなこと」も避けます。もちろん、したいなら別です。ここでは、「しなくては」ではなく「したい」に近いことをするのがコツなのです。

たとえばストレッチなら、「したい」に近いのではないでしょうか。毎晩すれば、毎晩成功体験が得られます。

「自分の理想や成功イメージに全然関係ないことなのに、意味あるの？」という思いが頭をかすめているかもしれない方々に、もう一つ、耳寄り情報をお知らせします。

目標のある人が、その目標とは無関係な、「したいこと」を何でもやっていくと、目標に近づきやすくなります。これは「ランダムウォーク」と呼ばれる理論で、もともとは数学的確率論や株価分析の世界で指摘されていることですが、成功者の行動パターンにも、同じ傾向が見られるそうです。

なので、私も実践しています。たとえば、私はいつか武道館でライブをしてみたいという大きな夢を持っています。楽器の練習と並行して、それとは無関係な「したいこと」もたくさんしています。バイクでキャンプツーリングに行きたい、と思ったら、それをします。どこそこの店であの料理を食べたい、と思ったら、それもします。こうして「小さなハッピー」を積み重ねるだけで武道館に近づくのですから、なんともお得です。

ですから、「すぐできる、したいこと」をやりましょう。やってみて元気が出てきたら、次は「すぐにはできないけれど、したいこと」もやりましょう。

成功体験を集めて、エネルギーを溜めて、自分を解放してあげましょう。「こうあるべきなのにできない自分」に悩んで時間が経ってしまうより、ずっと楽しそうだと思いませんか？

「遠い場所の悲しいことに心を支配される」

災害や戦争の報道にショックを受け、心を痛める。これは誰にでも起こる、自然な反応です。しかしときどき、それを「自分のこと」のように感じ取りすぎて、涙が止まらなくなったり、眠れなくなったりと、心身に不調をきたす人がいます。近年、痛ましい事件を告げるネット記事の末尾には、心のケアを行う機関の連絡先が記されていますね。それも、「影響を受けすぎる人」の多さを物語るものと言えます。

なぜ、自分の身に起こったことではないのに、そこまで激しく感情移入をするのでしょうか？　実は、その情報自体は、きっかけに過ぎません。

もともとその人の中に強い不安があり、ストレスが限界まで来ていたのです。報道が、その限界を超える「最後の一押し」だったのです。

こう言うと、影響を受けすぎる方や過去にその経験のある方は、「そうじゃない」と、違和感を覚えるかもしれません。こうした方々はしばしば、「自分のことはいいんです、人が苦しむのを見るのがつらいんです」と語ります。たしかに、実感としてはそうなのでしょう。ではなぜ、自分より人の苦しみに目が向くのでしょう？

少し、厳しいことを言わなくてはなりません。あなたがもしそう感じているなら、それは自分の持つ強烈な不安を直視しないためです。「他者」に原因を置いていれば、内なる不安と向き合い、自分を変え、乗り越えていくという「仕事」をしなくて済むからです。この指摘はとくに、受け入れるには時間がかかるだろうと思います。無理に呑み下さなくて良いので、少しずつ、考えてみてほしいと思います。

並行して、ショックを受けすぎる自分を守る対策をしましょう。まずは、情報に無防備に身をさらさないようにします。スマホでネット記事をどこまでも追っていると気づいたら、その時点でストップ。すぐに止まれないなら、ひとまず自覚するだけでOKです。「自分はショックを受けやすいから、一言一句、熱心に読まないようにしよう」と思うだけでも、かなり受け取り方が違ってきます。

視覚情報には、とくに注意します。繰り返し流れてくる被災地や紛争地の映像。そこから受ける影響は、文字情報よりもはるかに強いものです。疲れが溜まっているときなどは、テレビやＹｏｕＴｕｂｅなどの動画媒体は、できる限り避けましょう。

医学的な話になりますが、自閉症の人が示す状態に「突発風景理論」というものがあります。原則的に、人間の脳には、ショッキングな情報がダイレクトに入らないようにする自衛機構が働いています。「扁桃体」という、ネガティブ感情を生み出す部位をガードするしくみのおかげで、つらい情報もある程度マイルドになった状態で受け取れるのです。しかし自閉症の人はその機構が弱いため、突発的に飛び込んできた情報に対して激しく動揺し、感情を爆発させてしまいます。

報道にショックを受けすぎる方々も、レベルは違えど、扁桃体が安定的に働いていない＝過活動の傾向があると思われます。それは、扁桃体の活動を抑制する「前頭葉」や「海馬」の働きが落ちているからだと考えられます。

不安を恒常的に抱えていると、前頭葉と海馬は萎縮しやすくなり、その結果、さらに情報が突き刺さるように入ってくる、という悪循環が起こります。

この悪循環を止め、不安を和らげる、非常に簡単な方法があります。それは、20分間の「早歩き」を、週に2回以上行うことです。これを半年から1年続けると、前頭葉と海馬が活性化することがわかっています。

どのくらいのペースが「早歩き」にあたるかは人によって違いますが、「少し脈が上がる程度」を意識すればOKです。これは、軽い有酸素運動です。有酸素運動はβ-エンドルフィンの分泌を促すため、リラックス感と解放感を覚える効果があります。つまり「ランニング」でも同じ効果があるわけですが、運動好きな人でないと、少しハードルが高いですね。その点、「歩く」は毎日していることであり、そのペースを少し速めるだけなので、日ごろの生活の延長線上でできます。朝、駅までの道を10分、早歩き。帰りも10分、早歩き。そんな日を週に2回以上作ればいいのです。

不安な時期が長く続いた人ほど、回復には時間がかかります。ですから、始めるのは早ければ早いほど良いですが、焦る必要はありません。

ともかく気楽に、1年くらいかけるつもりで実践してみてください。

「年金問題」のニュースで強烈に不安になる

2019年、「老後2000万円問題」で、日本中が騒然となりました。「年金だけでは、老後の生活資金が2000万円不足する」ということの話をきっかけに、中高年や高齢者世代を中心に老後不安が高まり、それは現在も続いているように思います。

皆さんはいかがでしょうか。自分が年をとったとき、お金は足りるのだろうか。蓄えが尽きないだろうか、生活していけるんだろうか……。考えていたらお金を使うのが怖くなって、過剰な節約生活に走っている人もたまにいます。

報道にショックを受けすぎるのと同じ原理ですが、今回の場合は自分でも「不安がある」と自覚しています。では具体的に言うと、どんな不安でしょうか?

おそらく、うまく答えられないのではないかと思います。不安とはそもそも、漠然としたもの。「対象のない恐怖」とも呼ばれます。

何が怖いのか、本当は自分でもよくわからない状態です。ということは、そこをハッキリさせることが、不安を軽減する手立てです。

老後が不安だと訴える方は、意外と「老後2000万円問題」の内容を、きちんと把握していなかったりします。そこで簡単に、アウトラインを説明しましょう。

元になっているのは、「65歳と60歳の夫婦が、働かずに30年暮らした場合」の試算です。月々の年金が、二人分で21万円弱。対して平均的支出は、月々26万円強。とすると、月々約5万5000円の赤字です。これが30年続くと、およそ2000万円の赤字になる、という話です。

こうしてみると、意外に個人差のある話です。支出の26万円はあくまで平均ですから、自分がどうなのかを予測しないと、赤字になるか否かもわかりません。

月に26万も使わないと思うならそこまで心配は要りません。使いそうなら、定年までにいくらの資金を貯めればいいか、それには今から月々いくらずつ貯蓄したらいいか、考えることができます。定年後も働いて、月々これくらい得ておけば大丈夫、という考え方もできますね。

不安がってばかりいるより、こうして具体的に考えるほうがベターです。

「それが難しい……」「一人では、怖くて調べる気にもならない」と思うなら、誰かに手伝ってもらいましょう。たとえば、信用できる専門家。知り合いの中に、ファイナンシャルプランナーさんや税理士さんがいたら、相談してみるという手があります。

ただこの方法は、「信用できる」人でないといけないのが難点です。世の中には、儲《もう》けることが一番で、偏った情報を伝えるだけで報酬ばかり高い、といった専門家もいます。

と言って、「プロではない人」に聞くのは、もっと良くない手です。

友人や兄弟や親戚に相談する人はとても多いですが、相手もこちらと同じくらい知らないわけですから、良い情報は得られません。悪くすれば、「投資でもすれば？」「株って儲かるみたいよ」など、さらに信用ならない情報を提供されて、ますます話がややこしくなることもあります。

すぐにいい専門家が見つからなかったら、文明の利器を使いましょう。たとえば

ChatGPTに聞いてみるのです。アプリストアに行くと、ChatGPTが何でも答えてくれるアプリがたくさんあります。有料版のほうが頼りになりますが、無料版もあります。

これは、AIの言うなりになりなさい、ということではありません。一人で考える元気がないときに、話し相手になってもらおう、ということです。機械が相手でも、おしゃべりすると、少し気がラクになります。しかも「知識を持っている機械」ですから、（質はともかく）ある程度の情報を教えてくれます。

気がラクになって、同時に少し知識も入ると、それは「自分で考える」きっかけになります。目指すゴールは、自分で自分の状況を明らかにし、対策を考え、不安を消すことです。ChatGPTは、その「1段目のスモールステップ」です。

アプリをインストールして、こんなふうに聞いてみてはどうでしょう。

「老後のために、いくら貯金しておけば良いですか？」

たぶん、AIが答えてくるのは、ごく一般的な事実でしょう。「個人によって必要な老後資金は違いますが、目安としては……」といったことです。それでも、自分だけに向けて発された言葉は、単純なネット検索の結果よりも、どこか温かみを感じるものです。

ちなみに有料アプリなら、さらに精度の高い情報が得られます。おおまかな年間生活費、退職年齢、退職後の予想収入、年金の種類、予想される寿命などなど、いくつかの項目に応えたら、計算してくれるものもあります。

「鵜呑みにするのではなく、考えるきっかけにする」ことを心がけつつ、不安から、一歩外に出てみましょう。

Column

布団は「重い」ほうが安心できる!?

布団やシーツを肌ざわりの良いものに、という工夫は、すでにしている方が多いと思います。しかし実はもう一つ、ベッドに入ったときの安心感を上げる方法があります。

それは、掛け布団の重さです。布団と言えば「ふんわり軽い」のが良いとされがちですが、不安を感じやすい人は、そうとも限りません。
「浮き足立つ」という言葉がありますね。不安を感じると身体はフワフワとして、心許《こころもと》ない感覚を抱くものです。そんなとき、重い布団にしっかり包んでもらうと、ハグされたような安心感を覚えるのです。最近は、「重い毛布」というものも市販されています。内部におもりが入っていて、薄い見た目とうらはらに重量感たっぷり。私も使っていますが、安心感満点です。価格もリーズナブルと、言うことなしです。

ちなみに、第１章に登場した動物学者のテンプル・グランディンは、自作の「締め付け機」を不安なときに使っていたそう。紐を引くと、木の板が身体を締め付けるこの機械、復元したモデルを私も使ってみたことがありますが……これはさすがに怖かったです（笑）。布団くらいが、私にはちょうど良かったようです。

第4章

「得する悩み」は大切に

物事を豊かに感じ取るのは、ＨＳＰの方々の素敵な特質です。

一方で、それが緊張や過敏さ、周囲に対する違和感などの「生きづらさ」につながりやすいこともまた事実です。

それを「つらいけれど、素晴らしい特質のせいだから」と無理やり受け入れるのはもったいない。特質を保ちつつ、生きづらさも軽減してほしい……。

この本を貫くメッセージは、そこにあります。

ここまで読んでくださった皆さんは、その解決法について、すでに多くを知っています。

それを踏まえて、最後に「得する悩み」についてお話ししましょう。

この章のテーマは、良いことにつながる特質です。

ＨＳＰの方々のやさしさや、注意深さや、丁寧さや、誠実さについて語ります。

では、なぜ「悩み」なのか。そこにも理由があります。

今挙げた特質は、ここまでに話したさまざまなスキルや対処法と結び付けないと、悩みになることもあります。

周囲の人に伝わらなかったり、逆に、依存されて疲れ果てたり。

「良かれと思って」が「良いこと」に、ちゃんとつながらない状態です。

この章では、そこをつなげる方法を、お話ししましょう。

それができたら、繊細という特質は本当の意味で、素晴らしいものになります。

単に「美質」というだけでなく、皆さん自身が「幸せ」になれるのです。

感じやすい心を持ちながら幸せに生きるヒントを、手にしてください。

「気が利く」人には、まだ伸びしろがある

ＨＳＰの方々は、周囲から「気が利く人」と言われることがあると思います。でも、「気が利く人」自身がいつも気分よく過ごせているとは限りませんね。「気がつく分、気を遣うことも増えて……」「気を遣っている割に、あまり感謝されない」「『先回りしないで』と言われて、すごくショックでした」などの声を聞いてきました。

第２章を読んだ皆さんなら、もうおわかりでしょう。

期待が強すぎるせいで、落胆も強くなっているのだということ。その気遣いは他者のためではなく、自分のためでもあること。気を遣っているのに感謝されないのは、おそらく相手の自己重要感を満たせていないのが原因であること……。

前述のようなストレスを感じている方々の「気の利かせ方」は、相手に届いていないのかもしれません。生来の特質をうまく使えていない、「惜しい親切」になっている状態です。「先回りしないで」と言われたという話は、その最たるもの。こうした

話を聞いて私が連想したのは、O.ヘンリーの『魔女のパン』という短編小説です。

パン屋さんを営む独身女性が、よく店にやってくる男性に好意を持ちます。貧しい画家とおぼしきその男性が買っていくのは、古く硬くなったパン2個だけ。そんな彼のために何かできないだろうか、と彼女は考えます。ある朝、いつも通り彼がパンを買いに来たとき、彼女はパンに切れ目を入れ、中にたっぷりバターを塗りこみます。きっと彼は驚き、喜んでくれる。距離も縮まるかも……。

胸を躍らせつつ待つ彼女。そこへ、彼がやってきます。なぜか、怒りに震えて。実は彼は設計者で、市役所の設計図を公募に出すべく、何日もかけて製作しているところでした。パンは食べるためではなく、消しゴム代わりに使っていたのです。彼は設計図をインクで清書したあと、最後に、鉛筆の下書きをパンで消そうとして……彼女の親切が、彼の出品作を一瞬で台無しにしてしまったのでした。

なんとも皮肉な、苦いストーリーです。ここまで仇《あだ》になるようなものはなかなかないでしょう。しかし「喜んでもらえない配慮」は古今東西、この小説のように、相手のことを実はよくわかっていなかった、ということから生じます。相手を思う心はあるのに、見方が一面的で、理解があと一歩及ばない。及ばないまま、善意のつもりで、相手が求めていないことをしてしまう。もったいなさすぎる話です。

さらにもったいないのは、「一歩及ばず」の経験を何度かするうちに、「もう、気を利かせるなんてやめよう」「気がついても、気づかないふりをしよう」と思って、親切自体をやめてしまうことです。

もともと持っている良い性質にまでフタをする「後退」ではなく、ここは「前進」すべきところです。つまり、相手の自己重要感を満たすには？　と考えればいいのです。

自分が「こうしてあげたい」ではなく、相手が喜ぶこと、「わかってくれている」と感じることは何か、観察しましょう。

もともと持っている豊かな感覚に、分析力も加われば、相手の役に立ち、こちらも感謝される喜びを感じられます。

「人の痛みがわかる性質を最大限に活かすコツ」

今述べた「惜しい親切」の話は、繊細な人が持つ、もう一つの素晴らしい資質を示しています。人に配慮したのに、思いがすれ違うのは、間違いなく手痛い経験です。しかしその経験は、実は財産にもなります。

繊細な人は、失敗体験、ないしは「事実はともかく、失敗だと本人が感じる体験」を、たくさんしています。そのつど痛みを感じてきたぶん、人の痛みに敏感です。

加えて、傷ついた人に心を寄せるやさしさも持っています。それは、周囲の人を温かく支える力になります。

ただしここでも、感覚だけでなく、観察・分析する技術を持っておくことが欠かせません。それにはやはり、失敗したあと「傷ついて後退する」のではなく、「気づいて前進する」ことが大事です。それができたとき、その人は一気に成長します。

繊細な人がときおり見せる、コミュニケーションの不器用さがすっかり消えて、繊細さを保ったまま、相手の「してほしい対応」や、「言ってほしいこと」が言えるようになるのです。

傷ついているときに「してほしい対応」は、人によって大きく違います。そっとしておいてほしい人もいれば、何もなかったかのように接してほしい人もいるでしょう。しみじみと慰めてほしい人もいれば、思い切り明るく笑い飛ばしてほしい人もいるでしょう。理論家肌の人なら、その出来事について一緒に振り返り、解決策を考えてほしい、と考えるかもしれません。

一気に成長したあとなら、「この人は今、どれに当てはまるだろう？」と考え、それに応じてコミュニケーションの形を変えられます。

失敗体験の「財産」はほかにもあります。人が、失敗しそうな危うい局面にいるときに、いち早く気づく能力です。そして事前に、さりげなくフォローもできます。

相手の自己重要感を損なわない形で――相手が自ら気づいて踏みとどまれるような流れを作れるのです。たとえば自分の失敗談を語って、相手が「そうか、私も危ないところだった」とわかるようにそれとなくリードする、などの対応です。

助ける場面で役立つのが、「課題分析」（↓72ページ）です。

一つの課題があるとき、どんな手順が必要かを洗い出す技術でしたね。手順を何段階に分けるか、どう分けるか。どこが間違いやすいポイントで、回避するコツは何か。失敗体験の多い人ほど、それを見極める能力は高くなります。

ただし、磨かないと能力は埋もれたままです。ですから、色々なテーマで課題分析をする「自主トレ」をしてみましょう。自分の仕事の手順を書き出すのも良いですし、後輩に仕事を教えるときのマニュアルを書くのもおすすめです。どこを詳しく説明し、どこをシンプルな説明でとどめるか、と緩急を考えるのも、良い練習になります。

この能力が上がると、今後、自分が失敗したときの対応力も上がります。どう立て直すか、これからはどう防止するか、課題分析できるからです。

失敗に「傷つきすぎて」いたころを思うと、まるで別人のよう。

成長できて、人も助けられるこの財産を、大いに有効活用してください。

「リスク回避能力に磨きをかけよう」

HSPの方は総じて、警戒心が強めです。それは「リスク回避能力が高い」ということなのですが、その性質は「お手入れ」をしないままだと、意外に危うい面があります。

警戒心が強い、と自覚している方は、なぜそうなったかを振り返ってみてください。

おおよそ、二つの理由があるのではないでしょうか。一つは、育った環境。親御さんから「危ない」「近づいてはいけない」と言われてきた影響が現在も続いている、というパターンです。もう一つは、痛い目に遭った経験。誰かに裏切られたり、失敗したのをきっかけに、強い警戒心を持つようになったパターンです。

さて、お気づきですか？　二つの理由はいずれも「強く信じている」状態です。「〇〇は正しい」「〇〇は悪だ」というふうに。繊細な方の警戒心には、こうした「一途さ」が見られます。純粋さの表れとも言えますが、私としては、少し心配です。

なぜならそうした性質は、えてして極端に走るからです。何かの拍子に、正反対の方向に強く惹かれる可能性があります。つまり、警戒心が強いはずなのに、意外に「だまされやすい」面があるのです。たとえば恋愛や友人関係。全然素晴らしくない人なのに、素晴らしいと思い込まされて、自己犠牲的な付き合い方をしてしまうHSPの方は珍しくありません。覚えのある方は、139ページの「悪い相手でも、つい同情してしまう」のページを読んで、「信じすぎ」をリセットしましょう。

また、だまされたと気づいてリセットしたあとも、その人が完全な悪人だと決めつけないようにしましょう。そんな人は、この世に存在しないからです。悪い人でも、どこかしら良い一面があるものです。逆に、完全な善人も存在しません。つまるところ、人はみな「グレー」なのです。これを知っておくと、「信じる」と「全否定」の両極端に走らずに済みます。一人にだまされただけで人間不信になる——つまり全員が信じられなくなるという極端さも、防止できるでしょう。

一方、「情報にだまされる」ということもありますね。

前章でお話しした、「報道の影響を受けすぎる人」はとくに要注意。この傾向があると、一つの論調に流されやすくなります。バッシングされている人物を一緒になって非難したり、ときには、陰謀論の類いに夢中になったりする可能性もあります。

どの情報が正しいかを見極めるのは、簡単ではありません。最終的には自分で判断するしかありませんが、何しろ情報量が多すぎて、わからなくなりますね。

そこで一つ、目安をお伝えしておきましょう。

「誰が言っているか」をチェックすることです。たとえば、「投資信託を始めよう！」という記事の執筆者が、銀行の人だったら？　商品を買ってほしいから言っているのかも、という推測が成り立ちますね。「株は儲かる」「この保険はお得」「この薬は素晴らしい」の類いもそうです。発信者がそれを売っている人なら、何割か差し引いて聞いたほうがよさそう、ということです。

このように、少し引いた視点で物事を見ると、一途さが軽減されます。傾倒しすぎず、全否定せず、ほどよい距離がとれるようになります。

そのうえで、もともとある「危険を好まない」性質を活かしましょう。

そのとき、冷静で堅実な、本物のリスク回避力がきっと備わります。

「丁寧さ」を損につなげないために

細かく目が行き届く性質は、「注意深さ」につながります。繊細な人は几帳面《きちょうめん》な人が多く、どんな仕事も丁寧に、ミスなくできるよう注意を配ります。それはとても良いことですが、気づかぬうちに損をすることもあります。

たとえば、クリエイティブな仕事に就いているHSPの人が、「経費精算」をするとしましょう。アイデアを考えるのは得意だけれど、計算は苦手。でもこの人は真面目に、一生懸命格闘します。2時間、3時間かけて、一つのミスもないように……。結果、一日の労働時間の3分の1から半分近くが費やされます。

丁寧な仕事ぶり×苦手な仕事は、「時間のロス」を招きます。

この数時間をもし得意な業務に充てていたら、もっと成果も上がり、会社にも貢献できたはずです。さらに、長期的に見ても、損をしています。「将来のために必要なスキルをつける」などの、緊急ではないけれど重要なことをする時間が、知らずしらず削られるからです。

「だからといって、粗い仕事はしたくない」と思う皆さん、心配無用です。「得意か否か」によって、切り替えればいいのです。得意な業務なら、いくら丁寧にやってもOK。注意深く取り組んでも、不得意なことのように時間はかからないはず。

ミスを防ぐためのエネルギーも、さほど消費しないで済むでしょう。得意なことならミスも起こりにくく、ミスしても気づきやすいからです。

一方、不得意な業務は自分一人で頑張らず、得意な人にチェックしてもらうのがおすすめです。実は私も、書類仕事が非常に苦手です。自分でミスをなくそうとすると、膨大な時間がかかります。そこで、自分でざっと書くだけ書いて、スタッフにチェックしてもらいます。書類は完璧に仕上がり、私は2時間得をする。一石二鳥です。

「私はまだ新人で、人に頼むなんてできない」という方もいるでしょう。それならまずは、日々いろんな業務と向き合いながら、自分の得意不得意を確かめます。2年、3年と経つうちに、不得意が得意になることもあるので、性急に決めないよう注意しましょう。もう一つは、周りの人を見て、何が得意で何が不得意かを観察することです。この観察が、数年後、人に頼める立場になったときに役立ちます。そのころには「この人はこれが得意」とすぐわかるはず。そこで、「あなたの○○の能力を見込んで……お願い、助けて！」と頼みましょう。それは、「相手の自己重要感を満たす」ことにもつながります。

一方、「自分の得意不得意が今一つつかめない」「今の仕事が合っていない気がする」と感じている方にも、おすすめできることがあります。人の「適職」がわかるタイプ分けを、知っておきましょう。

HSPであるなしにかかわらず、働く人は、おおよそ四つのタイプに分かれます。

①起業家タイプ：志高く、エネルギッシュで統率力に満ちたリーダー
②ルーティンワークタイプ：几帳面で、正確な仕事を続けられる集中力の持ち主
③参謀タイプ：全体像をつかんで戦略を練るブレーン
④アイデアタイプ：企画、商品、アートなど、ゼロから1を作るクリエイター

どれか一つに「非常にあてはまる」なら、ほかのことは非常に不得手である、とい

う可能性があります。たとえばアイデアタイプの人にルーティンワークをさせると、ミスも多く、本人のストレスも多大です。逆に、ルーティンワークタイプの人は「規則正しさ」を崩されると非常にストレスを感じます。

「自分がどれにあたるのか、よくわからない」という場合は、「何が好きか」よりも「何が苦手か」を見つけるのが近道です。まず、四つそれぞれの仕事をしている自分を想像しましょう。そして、どれくらいエネルギーを消耗しそうかを考えてみましょう。たとえば、まる一日ルーティンワークをやったとします。

その仕事帰りに「ボウリング」ができますか？　あの重い球を、投げられますか？「疲れ切っていてとても無理」と思うなら、ルーティンワークには向いていません。

好きな仕事なら、こんなふうには疲れません。8時間働いても、少々残業しても、その後「ちょっと遊びに行こうかな」という気になるものです。

皆さんには、そんな仕事をしてほしいと思います。終業後に、ボウリングができるような仕事に出合いましょう。そして楽しく無駄なく、丁寧に、持てる能力を活かしてください。

「その悩み相談、どこまで付き合う？」

人から「悩み相談」をされることが、よくあるのではないでしょうか。弱っている人は、繊細な人のやさしさに惹かれ、癒やされたいと感じます。

この人なら、デリカシーのないことは言わないはず。この人なら、否定しないでいてくれるはず。カッコ悪い自分のことも、バカにしないでいてくれるはず……と思うのです。――当たっていますよね。弱っている人をさらに傷つけるようなことを、皆さんはしないでしょう。

相談されやすいということは、人の話を聞く姿勢ができている証です。じっくり耳を傾け、否定せず、ジャッジもしない。それは、相手の自己重要感を満たすことができているということです。思い切り、誇ってよい美質です。

しかしそれゆえに、疲れることもありますね。

「私、『愚痴聞き係』にされてる？」「もうこの話、何回目だろう」「ネガティブな話ばかりでエネルギーを奪われる」と、内心ため息をつくこともあるかもしれません。

私は、悩みを聞くのが仕事のようなものですから、その状況がよくわかります。悩みごとや愚痴は、エンドレスになりやすいということも実感しています。さらに困ったことに、悩んでいる患者さんは、全員ではないですが、状況を変える意欲が低い傾向があります。「こうしてみたらどうですか？」と提案すると、「〇〇だからできません」と、できない理由をいくつも並べます。

皆さんに悩みを相談してくる人たちも、そうではないでしょうか。悩み相談をする人はよく、「アドバイスが欲しいのではなく、聞いてほしいだけ」と言いますね。たしかにそれは、正直な気持ちなのでしょう。しかし、聞かされる側はどうでしょう。皆さんはそのエンドレスな話に、どこまで付き合いますか？　延々と「聞くだけ」に徹するか、離れるか、どちらを選びますか？

私なら、離れます。私の役割は、患者さんに変わってもらうこと＝「治ってもらうこと」ですから、変わる意志のない方に、私ができることは残念ながらないからです。それをきちんとお伝えして、別の病院に行ってください、と言います。医師でさえ、本人に治す気がない方には、そういう対応をとるのです。

……少し脱線しますが、そういう区切りをつけず、治そうともせず、延々と治療費を取り続ける医師もいます。ずっと相手をしてくれるやさしい先生と思いきや、そうとも限りません。


話を戻しましょう。繊細な方々は、離れるという選択に、罪悪感を覚えるかもしれません。それなら、時間を区切りましょう。私の場合、「話を聞くのは20分まで」と決めています。短いようですが、本気で20分、人の話に集中するのは大変な労働です。

皆さんは治療をしているわけではないので、それより長く設定しても良いかもしれません。たとえば「月に1回、1時間」など。もっと聞けると思うなら、頻度を増やすなり、時間を増やすなり、適宜調整しましょう。そしてその時間内は、聞くことに徹しましょう。口を挟まず、否定せず、ひたすらうなずいてあげましょう。

繰り返しますが、これはけっこうな重労働です。くれぐれも、自分を疲弊させない範囲内におさめてください。

「小さな幸せ」を感じられる幸せ

「その得する性質、こうすると、もっと得をしますよ」という話をここまでしてきましたが、これから話す「得する性質」は、本当に得です。

「普通の人」は皆さんよりも、幸せを感じるために、少しばかり大変な思いをしています。「もっとお金があれば、いい車が買えるのに」「海外旅行にだって、もっと行けるのに」というふうに、幸せを感じるために、頑張らなくてはいけないのです。

もっと大変なのが、「大望を持つ人」です。何かの道で日本や世界の1位になるとか、偉業を成しとげて名声を轟《とどろ》かせるとか、夢のサイズが巨大で、途方もないエネルギーを必要とします。

HSPの方は逆に、小さなことに幸せを感じるのが得意です。お気に入りのカップを温めて、丁寧にお茶を淹《い》れるひととき。道端に咲く小さなスミレに、ふと足を止める瞬間。卵かけごはんにお気に入りの醤油《しょうゆ》を数滴垂らし、かき混ぜる数秒間……。

日常のそこここに、すぐに達成できる「幸せポイント」があって、それを味わえるのです。その性質こそ、非常に幸せなことです。ぜひそのままでいてほしいと思います。

もしそのままでいられないとしたら、それは、人と自分の「差」を意識したときでしょう。SNSで贅沢な暮らしを自慢している人を見て、「私の生活、ささやかすぎる？」と思ってしまったりすると、黄信号です。自己否定のストレスは、小さな幸せをキャッチするアンテナも鈍らせます。お茶を飲むときのリラックス感も、スミレの可憐《かれん》さも、卵かけごはんの湯気も、心に響かなくなってしまいます。

「差」を意識するときのストレスは、自己否定だけではありません。

きらびやかさを誇示する人々に対する違和感――もっとハッキリ言うと、「俗物に対する敵意」も、ときには生じると思います。近年、動画の世界では、お金を持っている人が露骨に札束を見せびらかしたり、お金のない人をからかったりするような、品位を欠いたものが増えています。もしうっかり目にしても、心を乱されないでほしいと思います。

その人たちは、あなたがわざわざ敵意を持つような存在ではないからです。

彼らは、「自己重要感に飢えきっている」という、苦境にある人たちです。人から尊重されたり、尊敬されたりすることがとても少ないと（あるいはまったくないと）感じているのでしょう。だから、必死になるのです。頼むから自分を見てほしい、すごいと言ってほしい……。

言わば、自分の切り売りをしている状態です。自分のことも大切にできていませんから、二重の意味で気の毒です。

同情まではしなくて良いですが、「そういう人なのだな」と認識しましょう。

ところで、皆さんはもう、どうすれば自己重要感が満たされるかを知っていますね。

その意味でも、皆さんは幸福です。

日々感じる小さな幸福と、新しく増えた幸福を感じながら、毎日を心穏やかに、ハッピーに過ごしましょう。

「その誠実さに、もう一つ加えるなら」

患者さん以外でも、普段の付き合いのなかで「この人はHSPに当たるのだろうな」と思う方々に、しばしば出会います。その方々は総じて、誠実で真面目です。

しかしご存じの通り、世の中、真面目な人ばかりではありません。世の人が全員、自分のように真面目だという前提――つまり性善説に立つ人は、少し周りを見渡すほうがいいでしょう。

他方、HSPの方々には、性悪説の人もいます。こちらは、人に傷つけられる経験を経て、一気に反転したことがきっかけだと思います。中間の人はわずかで、だいたいどちらかに分かれているのは、HSPらしい純粋さだと感じます。

実際のところ、世の中の真理は、そのどちらでもありません。すべての人間は、「グレー」の濃淡の、どこかにいるものです。自分も、真っ白ではないはず。誠実であろうとしすぎて身動きがとりづらいときは、それを思い出してほしいと思います。

他者もまた、真っ白でも真っ黒でもありません。相手が自分と同じ考えや行動をしなくても、それは良い悪いではなく、「違い」でしかありません。この違いを、優劣や善悪の「差」として捉えるとき、人はイライラします。自分の価値観が正しく、違う価値観を悪いとジャッジしている状態です。

真面目な人がもっともイライラしやすい相手というと、「不真面目な人」ではないでしょうか。能天気な人、いい加減な人、やる気がない人など。しかしこれもまた、一方的なジャッジです。

能天気、という悪ではなく、「リスク／ホープ」のタイプ分け（↓31ページ）の、ホープタイプなのかもしれません。いい加減、という悪ではなく、「フィックス／フレックス」（↓32ページ）の、フレックスタイプなのかもしれません。

では、やる気のない人は？

やる気がないように見える人々の中には、かなりの確率で、「やろうとしてもできない」人がいます。苦手なことをさせられているから、時間もかかり、ミスも多く、結果としていい加減な仕事になり、気力も失《う》せるのです。ということは、その人に「やる気あるの?」とイライラしても意味はない、とわかりますね。代わりに考えるべきは、「だったら、どうする?」です。

その答えは簡単です。

適性のない人に、無理な仕事をさせている、という状況を変えればいいのです。「もっと上手にできる人に担当してもらおう」「この人には、もっと合っている仕事をしてもらおう」というふうに、アイデアが出てくるでしょう。

これは言い換えると、「寛容」になる手立てです。寛容さは、誠実さや真面目さが、堅苦しさに流れるのを防いでくれます。今のところ、世の多くの人は、寛容になることがまだまだ不得手な状態です。寛容を心がけている人でさえ、「本当は納得いかないけれど、目をつぶる」という力業で、無理やり乗り切ろうとしています。

でも、この話を読んだ皆さんなら、大丈夫ですね。

我慢をせず、人にも我慢をさせない第三の道を進み、双方ハッピーになりましょう。

Column

あなたのソウルフードは何ですか？

食べるとほっとする、元気になれる、日ごろ溜まったことをリセットできる……そんな食べ物をソウルフードと言います。

私のソウルフードは、ラム肉です。北海道出身とあって、ジンギスカンは身近な存在。最近は高級なラムを使った店も増えていますが、私としては、廉価な肉をタレに漬け込んだ昔ながらの味のほうが、ふるさとを感じて好きです。もう一つのソウルフードは、赤ウインナー。私が子供のころは、今のような高級志向のウインナーなど存在せず、あの真っ赤なものが主流でした。着色料たっぷりで、身体にもあんまり良くなさそうですが、普段それなりに健康志向の私がそれも気にせず食べます。私にとっては、食べてほっとする「心に良い食べ物」なのです。

ソウルフードは、心が疲れたときの緊急避難所でもあります。「レスキュー」の役割を果たすものなので、欲しくなったとき、すぐに食べられるのが理想です。

さて、皆さんのソウルフードは、なんですか？近所のお店の定番メニューや、スーパーですぐ買える食材なら問題ないですが、もし、「実家のお母さんのシチュー」だったら……？　早めにレシピをもらって、自分でも作れるようにしておいたほうが良さそうですね。

おわりに　悩んでいた時間を「好きなこと」に！

繊細さゆえの悩み時間を減らして快適に暮らすための知恵、いかがでしたか？

さまざまなノウハウが出ましたが、全部基本は同じだ、ということがおわかりいただけたと思います（ちょっと耳にタコができてしまったかもしれませんね！）。

期待しないこと。完璧主義にとらわれないこと。何をするにもスモールステップで、無理せず進めること。そして、他者の自己重要感を満たすこと。

これらが目指すことは、最終的には一つです。自分を「大切な存在」だと思って生きられること――人に大切にされ、自分も自分を大切にできることです。

つまり、自己重要感を持って生きられる、ということです。

自己重要感なしに、人は幸せにはなれません。どんなにお金があっても、美しくても、家柄が良くても、学歴が高くても、地位があっても、名声を得ても、自己重要感がなければ、幸せを感じることはできません。苛立《いらだ》たしげな権力者、退屈そうな億万長者、陰鬱なエリート、孤独なスター。世の中には、不幸せそうな「成功者」がたくさんいますね。皆さんは、そんな成功は成功ではないと、もう知っているでしょう。

最後にあと二つだけ、皆さんに知っておいてほしいことがあります。

一つは、「模範的な行い」にとらわれない、ということです。世の中は絶えずそれを求めますが、一生懸命従う必要はありません。さらに言うと、自分の「美学」にも、縛られすぎないでください。正しくありたい、強くありたい、善くありたい、美しくありたいなど、繊細な人ならではのそうした思いを、「重荷」にしないよう気を付けましょう。

「人は完璧ではない」と、折に触れ思い出しましょう。それも、自分を大切にするための、大事な知恵です。

もう一つは、きっと普段は忘れている話です。私も皆さんも、すべての人はいつか命を終える、ということです。「メメント・モリ」という言葉を知っていますか？これはラテン語で「死を忘れるな」という意味。いつかは終わる命だから、時間を無駄にせず、一瞬一瞬を大切にしようという、昔からの知恵です。

この本では、時間を無駄にするさまざまな悩みの解決法をお伝えしました。

自分の時間を快適に過ごす知恵も、語れるかぎり、語りました。

早く始めたぶんだけ、自分を大切にする快適な人生に、早くシフトできます。

「メメント・モリ」と言えば……私は、親しくなった友人――信頼できて、誠実で、幸せを感じて生きている、と感じた人に対しては、折をみて、ある質問をしています。

「余命1ヶ月になったら、何がしたい？」

友人たちの答えは、意外なほど、一致しています。

「いつもと同じことを、丁寧にやるかなぁ。そうできたらいいな」


自分を大切にする人生の、究極の答えだ、と思いました。今の何気ない毎日が、そのまま幸福になる人生。平和で豊かで、最高の人生です。

皆さんは、どうでしょう？　どんな毎日を送りたいでしょうか？

この本を閉じたあとの皆さんの人生が、悩み少なく平和で豊かで、最高なものになりますように――そう願いつつ、筆をおきたいと思います。

最後までお読みくださり、ありがとうございました。

西脇俊二（にしわき・しゅんじ）
精神科医。ハタイクリニック院長。弘前大学医学部卒業。自身もアスペルガーであり、その苦労を乗り越えた経験を生かした著作も多い。テレビ出演やドラマ、映画の医療監修でも活躍。著書に『繊細な人が快適に暮らすための習慣』、共著に『ユルいメンタルの育て方』（ともにKADOKAWA）などがある。

繊細《せんさい》な人《ひと》をラクにする「悩《なや》み時間《じかん》」の減《へ》らし方《かた》
医者《いしゃ》が教《おし》えるHSP《エイチエスピー》対策《たいさく》〈お悩《なや》みショートカット〉編《へん》

2024年 5月28日　初版発行

著／西脇《にしわき》 俊二《しゅんじ》

発行者／山下 直久

発行／株式会社KADOKAWA
〒102-8177　東京都千代田区富士見2-13-3
電話 0570-002-301（ナビダイヤル）

印刷所／TOPPAN株式会社
製本所／TOPPAN株式会社

●お問い合わせ
https://www.kadokawa.co.jp/（「お問い合わせ」へお進みください）
※内容によっては、お答えできない場合があります。
※サポートは日本国内のみとさせていただきます。
※Japanese text only

定価はカバーに表示してあります。

ISBN 978-4-04-606934-4　C0030